초판 발행일	2007년 10월 10일
지은이	이상도
펴낸이	이강민
펴낸곳	2진법영어사
신 고	2003년 6월 16일 제16-3050호
주 소	서울특별시 강남구 역삼동 831 혜천빌딩 708호
전 화	02-568-5568(내선 108, 400)
팩 스	02-568-7776, 0098
이메일	johnsdl@hanmail.net

Copyright 2진법영어사 2007, Printed in Korea

값 8,000원   ISBN 978-89-92835-00-8 03740

무단 복제·전재·발췌를 절대 금합니다.

홈페이지   www.englishcode.com

책 머리에

　종래 영어교육은 문법에 치중하므로 실용적인 교육이 되지 않으니 무작정 듣기를 많이 하여 영어회화에 능숙해지자는 주장이 일고 있다. 그러나 무조건 듣기만 해서될 일이 아니다. 우리는 원어민이나 영어강사처럼 영어에만 시간을 쏟을 수 없기 때문이다. 우리에게 주어진 시간으로 영어를 정복하려면 확실한 요령이 필요하다. 그 요령이 2진법영어(BDE; Binary Digital English)이다.

　BDE는 매우 간단하여 설명할 것이 거의 없다. 문형요소를 N(체언)과 P(술언)의 두 가지로 단순화한다. 주어, 목적어, 부사어는 N에, 동사, 보어는 P에 포함시킨다. 소사는 일부 수식어가 되는 경우를 제외하고 모두 P가 되고, 전치사구는 대부분 P가 되고 나머지는 N이 된다. 이 둘을 2진법순서에 맞추어 1형부터 7형까지 문형이 만들어진다. 이들은 홀수형(1, 3, 5, 7형) 또는 짝수형 코드(2, 4, 6형)로 짝을 이루어 규칙적으로 연관된다. BDE는 최신의 문법이론에 따른 가장 완벽한 학습방법으로 문장을 쉽고 재미있고 정확하게 분석함은 물론 통째로 암기할 수 있는 장점을 갖고 있다.

　BDE 문형 중에서 기본이 되는 것은 1형 즉 기본형이다. 기본형은 어린이는 물론 어른들의 대화에서도 가장 널리 사용될 뿐 아니라 확장형인 2, 3, 4, 5, 6, 7형의 기본이 되기 때문이다. 지금까지 기본형에 대한 지식 즉 기초가 없이 영어공부를 시켜온 우리나라 영어교육의 결과가 얼마나 참담한지는 여러분이 더 잘 알 것이다.

다음으로 중요한 것은 키워드 50개이다. 단어 중에서 가장 기본이 되는 키워드 즉 소사(부사라고도 함)와 전치사의 용법에 대해 BDE가 발견되기 전에는 설명체계를 세울 수가 없었으나 지금은 간명하고 일관된 체계를 수립할 수 있게 되었다. 5,000개가 넘는 동사의 용법을 50개의 키워드를 통해 쉽게 이해할 수 있다. 일상생활에 널리 사용되는 기본동사들은 그 다음으로 중요하다.

이 책은 기본동사로서 널리 사용되는 Come의 문장 유형을 총망라한 것이다. Come은 쉬운 것 같아도 까다로운 면이 있으며 일상생활에서 광범위하게 사용되는 중요한 문장을 많이 생산한다. 이 책을 통하여 Come이 각 문형재료와 결합하여 얼마나 많은 문장을 생산할 수 있는지 즉 BDE의 파워가 얼마나 강력한지를 알게 될 것이다. BDE의 구조만 이해하면 어떤 영어문제이든지 완벽하게 해결할 수 있다. 특히 영작이나 회화 능력 향상에 있어 절대적인 효과가 있다.

지금까지 아무리 영어공부를 많이 해도 늘지 않는 분은 이 방법을 시도하기를 권한다. 이미 많은 사람들이 엄청난 성과를 경험하고 있다. 영어를 보는 안목이 달라지고 영어의 매력에 빠지며 강한 자신감을 얻고 있다. BDE를 통해 여러분의 인생에서 대전기를 이루기를 기원한다.

2007년 10월 1일 이상도

Contents

- 책머리에   3
- 약어와 기호   6
- Come 문형   8

Part 1	형용사	19
Part 2	소사	39
Part 3	전치사구	83
Part 4	복합전치사구	141
Part 5	명사	201
Part 6	동사	211
Part 7	절	223

- 예문출처   253

약어표

N	체언(Nominal)	⇨	subject, object, adverbial
P	술언(Predicate)	⇨	verb, (be) + non-verb predicative
v	동사(verb)		
n	명사(noun) / 대명사(pronoun)		
a	형용사(adjective)		
p	소사(particle)		
pr~	전치사구(preposition phrase)		

문형 및 그 구성부분을 나타내는 기호

NP   Code 1   ❶
NPN′   Code 2   ❷
NPP′   Code 3   ❸
NPN′N″   Code 4   ❹
NPN′P′   Code 5   ❺
NPP′N′   Code 6   ❻
NPP′P″   Code 7   ❼

‖   N(Nominal; 체언) 앞에 표시한다. 단, 문장 앞의 N은 표시를 생략한다.
| P(Predicate; 술언) 앞에 표시한다. 단, 의미상 N과 P의 위치가 통상적인 어순과 다른 경우에는 「 또는 」으로 표시한다.
굵은체   구문상 중요한 단어는 굵은체로 나타낸다.
굵은체+밑선 preposition(전치사)/particle(소사)은 굵은체와 밑선으로 2중표시한다.

    ㉠
    So is」 every Tom, Dick, and Harry.   P」N   ❶
    | | took ‖ the child ‖ **to the park**.   NPN′N″ ❹
    It | will bring 「**about** ‖ a good result.   NP「P′N′ 「❺ P′=목적격술어
    She | is reading ‖ a book 「**in the room**.   NPN′「P′ 「❻ P′=주격술어

∨	문장 앞에 도치된 요소가 본래 있어야 할 자리를 나타낸다.
	예 **What** do you │ know ‖∨‖ <u>about</u> him? ∨⇨ What
∩	문장 중에서 공유되는 요소를 가리킨다.
	예 He had **everything** 〈 his heart │ desired ‖∩〉.
	∩ = everything
[ ]	절(Clause)을 표시한다. 정형절과 비정형절을 포함한다.
[[ ]]	절이 절을 안은 경우를 표시한다
〈 〉	modifier(수식어)를 표시한다
•	part(부속어)를 표시한다.
	예 **look** • <u>about</u>, two feet • **long**
(‖)	수동문의 주어가 전치사의 목적어가 되는 경우 전치사 앞에 표시한다.
	예 I │ am waited (‖) **on**.
{ }	연결어를 표시한다.
	예 {and}, {but}

예문 분류 표시

예문 숫자가 적은 경우

◇ 사람 (= 사람 + 집단 · 조직 + 신체 + 정신)
◇ 사물 (= 물건 + 관념 · 활동 + 시간 + 장소 · 위치)

예문 숫자가 중간인 경우

☐ 사람   ☐ 물건   ☐ 관념 · 활동   ☐ 장소 · 위치

예문 숫자가 많은 경우

☐ 사람   ☐ 집단 · 조직   ☐ 신체   ☐ 정신
☐ 유체물   ☐ 무체물 · 기능   ☐ 형상 · 색채   ☐ 관념 · 활동
☐ 장소 · 위치   ☐ 시간

※ 유체물이라도 자체가 이동의 대상이 아니라 위치의 기준이 되는 경우에는 장소 · 위치로 분류한다.
※ 유체물이라도 자체가 이동의 대상이 아니라 그 기능을 나타내는 경우는 무체물 · 기능으로 분류한다.
※ money의 경우 화폐 자체를 가리키면 유체물, 가치를 가리키면 기능 · 무체물 또는 관념 · 활동으로 분류한다.
※ 넓은 의미의 관념은 시간을 포함한다.

prereference

Come 문형

2진법영어(BDE)

모든 문장은 'N(=Nominal) + P(=Predicate)'로 이루어진다.

주어, 목적어, 부사어를 총칭하여 체언(Nominal)이라 하고 술어, 보어(be보어 제외)를 총칭하여 술언(Predicate)이라고 한다.

❶형에 체언(목적어나 부사어)이 추가되면 ❷형이 되고, ❶형에 술언(보어)이 추가되면 ❸형이 된다. ❷형에 체언(목적어나 부사어)이 추가되면 ❹형이 되고, 술언(보어)이 추가되면 ❺형이 된다. ❸형에 체언(부사어)이 추가되면 ❻형이 되고, 술언이 추가되면 ❼형이 된다.

이를 간단한 공식으로 나타내어 보자. 위에서 체언을 N, 술언을 P로 표시하면 **모든 문장이 NP, NPN, NPP, NPNN, NPNP, NPPN, NPPP의 7개형**이 된다. 여기서 N을 0으로, P를 1로 대입하면 각 문형은 (01), (010), (011), (0100), (0101), (0110), (0111)로 순차로 전개되는데 이를 십진법으로 환산하면 ❶, ❷, ❸, ❹, ❺, ❻, ❼이 된다.

이 중에서 ❶은 기본형이고 나머지는 확장형이다. 즉 영어의 모든 문장은 ❶형을 근간으로 하여 2진법어순으로 진화해 온 것을 알 수 있다.

2진법공식에 의하면 모든 문장에 빠짐없이 문형번호를 부여하여 Code화할 수 있다. 모든 문장은 기본형으로 쪼개어 질뿐 아니라 역으로 기본형을 기초로 하여 확장형을 창출해 낼 수 있다.

7개 문형은 각각 짝을 이룬다. ❶형은 기본문형이다. 홀수문형끼리(❸형, ❺형, ❼형) 또는 짝수문형끼리(❷형, ❹형, ❻형) 서로 짝을 이룬다. ❺형의 수동형은 ❸형, ❹형의 수동형은 ❷형이 된다. ❷형의 수동형은 ❶형이 된다. ❺형과 「❺형끼리 짝을 이룬다. ❸형, ❺형은 2개의 ❶형, ❼형은 3개의 ❶형으로 분해된다.(도표 참조)

2진법영어(BDE)

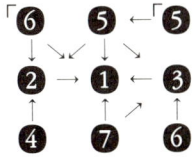

Come과 문장재료의 결합

문장재료에는 형용사(adjective), 소사(particle), 명사(noun)/대명사(pronoun), 전치사구(preposition phrase), 동사(verb, verbal), 비정형절(non-finite clause), 정형절(finite clause)이 있다. 이들 7개 재료를 a, p, n, pr~, v, nfc, fc로 표시한다. 동사는 다시 ~ed형, ~ing형, to infinitive형, ~원형, ~정형이 있는데 이들을 세분할 때에는 ~ed, ~ing, to~, ~, ~(s)로 각각 표시한다.

❶ NP(v) ⇨ N + come

❶형은 '체언(주어) + 술언(come)'의 결합으로 되어 있다. 체언은 생략될 수 있다.

P(~ed) : ❶ Nobody | has **come** yet.　　아직 아무도 오지 않았다.
　　　　　❶ He | hasn't **come** yet.　　그는 아직 오지 않았다.
　　　　　❶ First | **come**, first served.
　　　　　　빠른 사람이 제일이다. 선착자 우선.
　　　　　❶ Spring | has **come**, winter is gone.
　　　　　　봄이 오고 겨울은 갔다.

P(~ing) : ❶ I | am **coming**.　　나는 오고 있다.
　　　　　❶」There is」a child | **coming**.　　아기가 태어나고 있어.
　　　　　❶」There's」a good time | **coming**.
　　　　　　이제 좋은 때가 올 것이다.
　　　　　❶ People | were **coming** and going all the time.
　　　　　　사람들이 늘상 출입하고 있었다.
　　　　　[❶] Why is his chariot so long in [| **coming**]?
　　　　　　그의 병거가 어찌하여 더디 오는고.(Jdg5:28)

P(to~) : 　　[❶] He is [| to **come**].　　그가 [오게] 되어 있다.

[❶] He agreed [| **to come** at once].
그는 [당장 오는 것에] 동의했다.

[❶] I promised [| **to come**]. 나는 [온다고] 약속했다.

[❶] I advised him [| **to come**].
나는 그에게 [오라고] 충고했어.

[❶] I promised him [| **to come**].
나는 그에게 [온다고] 약속했다.

[❶] I would like my sister Tamar [| **to come**].
내 누이 다말이 [오기]를 원합니다.(2Sa13:6)

P(~) : ❶ | **Come!** 오라!

❶ **Come」** spring the days will be longer.
봄이 오면, 날이 더 길어질 것이다.

❶」 The game will be played tomorrow, **come」** rain or shine. 게임은 내일 시작할 것이다. 비가 오거나 말거나 상관없이.

[❶] Let them (or 'em) all [| **come**]! 덤빌테면 모두 덤벼!

P(~(s)) : ❶ I just take life {as} it | **comes**.
나는 인생을 있는 그대로 받아 들인다.

❶ I | 'll **come** tomorrow afternoon. 나는 내일 오후 올 거야.

❶ Would you | **come** again, please? 다시 말해 주겠어요?

❷ NP(v)N′ ⇨ N + come + N′

❶형에 체언(목적어, 부사어)이 추가되면 ❷형이 된다. come '오다'의 대상이 추가된 것이다.

N′(n) : ❷ He | 's **come** ‖ a long way. 그는 먼 길을 왔다.

N′(pr~) : ❷ He | **came** ‖ to a village. 그들은 한 마을에 왔다.

❷형에서 N′을 제거하면 의미상 불완전한 ❶형이 된다.

❸ NP(v)P′ ➪ N + come + P′

❶형에 술언(보어, 부사어)이 추가되면 ❸형이 된다.

P′(a) :	❸ He	came	alone.	그는 혼자 왔다.
P′(p) :	❸ He	came	in.	그가 들어왔다.
P′(n) :	❸ He	came	home.	그가 집에 왔다.
P′(pr~) :	❸ He	came	in the room.	그는 방에 들어 왔다.
P′(v) :	❸ He	came	running.	그는 달려 왔다.

❸형의 come 대신에 be를 대입하면 다음과 같이 ❶형이 된다.

P(a) :	❶ He	was alone.	그는 혼자였다.
P(p) :	❶ He	was in.	그가 안에 있었다.
P(n) :	❶ He	was home.	그가 집에 있었다.
P(pr~) :	❶ He	was in the room.	그는 방에 있었다.
P(v) :	❶ He	was running.	그는 달리고 있었다.

❹ NP(v)N′ ➪ N + come + N′ + N″

❷형에 체언(목적어, 부사어)이 추가되면 ❹형이 된다.

N″(pr~) :   ❹ They | come ‖ to me ‖ with this bad blood.
그들이 이런 불화를 가지고 내게 왔다.

❹형에서 N″을 제거하면 ❷형이 된다.

❺ NP(v)N′P′ ➪ N + come + N′ + P′

come은 자동사이므로 ❺형의 예는 극히 드물게 발견된다.

P(pr~) :   ❺ They | came ‖ to her | at the house.
그들은 그 집에 있는 그녀에게 왔다.

❻ NP(v)P′N′ ⇨ N + come + P′ + N′

❸형에 체언(부사어)이 추가되면 ❻형이 된다.
- N′(pr~) : ❻ He | came | running ‖ to me.
  그는 나를 향해 달려 왔다.

❻형의 come 대신에 be를 대입하면 다음과 같이 ❷형이 된다.
- N′(pr~) : ❷ He | was running ‖ to me.
  그는 나를 향해 달렸다.

다음 「❻형은 ❻형의 변형이다. 여기서 「 표시는 주격술어임을 나타낸다.
- P″(pr~) : 「❻ He | came ‖ to you 「with his child.
  그는 그의 아이와 함께 네게 왔어.
- P″(v) : 「❻ They | came ‖ toward him 「shouting.
  그들이 소리 지르며 그에게 향해 왔다.

「❻형은 ❻형의 경우처럼 come 대신에 be를 대입하더라도 바로 ❸형으로 전환될 수 없다. 다만 N″을 제거하고 come 대신에 be를 대입하면 ❶형이 된다.
- P(pr~) : ❶ He | was with his child.
  그는 그의 아이와 함께 있어.
- P(v) : ❶ They | were shouting.
  그들은 소리 지르고 있었다.

❼ NP(v)P′P″ ⇨ N + come + P′ + P″

❸형에 술언(보어, 부사어)이 추가되면 ❼형이 된다.
- P″(a) : ❼ He | came | home | alone.
  그는 혼자 집에 왔다.
- P″(p) : ❼ He | came | running | in.
  그가 안으로 달려 왔다.

P″(pr~) :   ❼ He | **came** | running | around the corner.
            그는 코너 주위로 달려 왔다.

P″(n) :   ❼ He | **comes** | shopping | here.
            그는 쇼핑하러 여기 온다.

P″(v) :   ❼ He | **came** | home | seeing.
            그가 눈이 떠진채 집에 왔다.

❼형의 come 대신에 be를 대입하면 다음과 같이 ❸형이 된다.

P′(a) :   ❸ He | was home | alone.
            그는 혼자 집에 있었다.

P′(p) :   ❸ He | was running | in.
            그는 혼자 집에 있었다.

P′(pr~) :   ❸ They | were running | around the corner.
            그들은 코너 주위로 달리고 있었다.

P′(n) :   ❸ He | is shopping | here.
            그는 여기서 쇼핑한다.

P′(v) :   ❸ He | was home | seeing.
            그가 눈이 떠진채 집에 있었다.

come의 용법과 의미

영어사전에서 Come을 찾으면 많은 용법과 의미를 열거한 다음 소사와 전치사 구와 결합된 유형을 숙어용법이라고 하여 엄청난 분량의 예문을 제시하고 있다. 그러나 이러한 종래의 사전식 방법으로는 Come을 정복하는데 너무나 많은 노력이 들뿐더러 효과도 없으면 일단 얻은 기억도 유지하기가 쉽지 않다.

2진법영어는 이러한 고민을 단숨에 해결한다.

Come의 다양한 의미는 각 문형 및 그 재료의 종류(사람, 물건, 관념, 장소, 시간)에 따라 '오다'라는 기본의미에서 당연히 유추되는 의미이므로 외울 필요도 없고 2진법문형으로 이해하면 잊어버릴 염려도 없다.

다만, 사전을 통해 다음과 같이 몇 가지 특별한 용법과 의미를 참고할 수 있다

1. come과 go의 방향성 차이

우리말의 「가다」「오다」는 말하는 사람을 중심으로 해서 이야기하는 것이 보통이나, 영어의 go, come은 말하는 사람이 중심이 되지 않는 경우도 있다. 즉 사물이 움직여 가는 방향이나 그곳에 존재하는 사물이 중심이 될 수 있다. 따라서 말하는 사람이 상대방 쪽으로 가는 것은 go가 아니라 상대방 쪽에서 생각하여 come을 쓴다. 「내일 놀러 오지 않겠니?」는 Won't you come to see me tomorrow?이지만, 「그래, 갈게」는 Yes, I will come.이 된다. 「조지, 내려와요.」 George, come down, please.에 대하여 「그래, 가고 있어」는 Yes, I'm coming (down).이라고 한다. 「(…에 가는데) 너도 함께 가지 않겠니?」는 Won't you come with me?, 「그래, 갈게」는 Yes, I'll come.이 된다.

2. Come이 사용된 비인칭주어 기본형

(물건 · 에너지)

❶ Churn till the **butter** | comes.   버터가 될 때까지 휘저어라.
❶ The **sound** | came and went.   소리가 들렸다 안들렸다 한다.

(관념)

❶ My **turn** | has come.   내 차례가 왔다.
❶ Both **riches and honor** | come.   재산과 명성이 동시에 들어온다
❶ The **job** | is coming nicely.   일이 잘 되어 가고 있다.
❶ **Peace** | will not come that soon.   평화가 그렇게 속히 오지 않을 거야.
❶ **Money** | will come and go.   돈이란 돌고 도는 것.
❶「He swore that, come」**what** | may, he would never let her out of his sight again. 그는 맹세했다, 무슨 일이 생기든, 그녀를 다시는 눈 앞에서 놓치지 않을 것이라고.
❶「Come」**what** | may, the train departs in one hour.
무슨 일이 오든(있어도), 기차는 한 시간 후 출발합니다.
[❶] I'm ready for [**whatever** | comes].
[어떤 일이 일어나더라도] 각오는 되어 있다.

(장소)

❶「Come」**hell** or **high water**, I will graduate next spring!
오더라도」무엇(지옥, 홍수)이, 난 내년 봄에 졸업할 거야!

(시간 · 계절)

❶ **Morning** | came.   아침이 왔어.
❶ When **evening** | came, he was there alone,
저물매 거기 혼자 계시더니(Mt14:23)

❶」 He will be fifty(,) come」 **May** (= if May come(s)).
　　5월이면 그는 만 50세가 된다.

❶」 Come」 **July** there will be an extra fifty cases to deal with.
　　6월이 오면 다루어야 할 추가적인 50 사건이 있을 것이다.

❶ **Spring** | has (or is) come.　　봄이 왔다 [이제는 봄이다].

❶ His **hour** | has come.　　그의 임종이 다가왔다.

❶ The **time** | has come [when we must part].
　　[그가 떠나야 할] 시간이 왔다.

❶ The **time** | will come [when the rumor proves to be true].
　　[그 소문이 사실로 판명될] 때가올 것이다.

[❶] I wish [tea (or coffee) **break** | would come soon].
　　휴식 시간이 빨리 왔으면 좋겠다.

〈❶〉 these good **years** 〈 that | are coming 〉.
　　〈 장차 오고 있는 〉 풍년.(Ge41:35)

Joke

A : Great news, teacher says we have a test today, ❶ come」 **rain or shine**.
　　좋은 뉴스야, 선생님은 비가 오든 해가 나든 오늘 시험을 친다고 했어.

B : So what's so great about that?
　　그래서 어쨌다는 거야.

A : It's snowing outside!
　　밖에 눈이 오고 있어.

3. 주어가 생략된 기본형

- ❶ | **Come, come.**   자, 어서.
- ❶ | **Come, come,** don't be so foolish.   자, 자.
- ❶ | **Come,** we must deal shrewdly with them.
  자, 우리가 그들에게 대하여 지혜롭게 하자.(Ex1:10)
- ❶ Oh, | **come** now.   설마 (그럴 리가).
- ❶ | **Come** again?   뭐라고 하셨죠?; 정말입니까?, 거짓말 아니죠?
- ❶ | **Come,** tell me what has happened.
  이봐, 무슨 일이 일어났는지 말을 해.
- ❶ | Light **come,** | light **go.**   쉽게 생긴 것은 쉽게 없어진다.

이하 본문에서는 Come에 관해 생길 수 있는 확장형 예문을 총망라하였다. 각 예문의 코드에 따른 용법에 숙달하여 Come을 마음껏 활용하기 바란다.

PART 1
형용사
adjective

alive....alone....amiss....asleep....cheap....clean....close....dark....easy....fast....fine....first....free....good....handy....hard....how....hungry....late....live....loose....loud and clear....lucky....naked....near....old....right....short....sleepy....stingy....true

alive

(사람)

- ❸ He | came | **alive**.
  그는 | 왔다 | 살아.

- ❼ Am I | going to come | back | **alive**?
  내가 | 오게 될까 | 돌아 | 살아.(Ho22)

- ❼ He | came | back home | **alive**.
  그는 | 왔다 | 집에 돌아 | 살아서.

- ❼ All | came | home | **alive**.
  모두가 | 왔다 | 집에 | 살아서.

기본형

❶ He | is alive?   그는 | 살아 있다.(Ac20:10)

(물건 · 장소)

- ❸ Then the fish | came | **alive**, with his death in him.
  그러자 고기는 | 되었다 | 팔팔하게, 몸에 치명상을 입고도.(O&S120)

- [❸] A VTR set will make your room [| come | **alive**].
  VTR 한 대가 네 방을 [생기 있게] 만들 거야.

기본형

❶ The hills | are alive (with the sound of music)
  언덕들은 | 살아 있다 (음악 소리와 함께)

alone

(사람)

- ❸ He | came | **alone**.
  그는 | 왔다 | 혼자.

❸   If he | **comes** | alone, he is to go free alone;
그가 | 왔으면 | 단신으로, 단신으로 갈 것이다.(Ex21:3)

기본형

❶ I | am alone.   나는 | 혼자다.

amiss

(사물)

❸   The cracks are showing in the wall and a lick of paint | would not come | **amiss**.
벽에 갈라진 틈이 보인다, 페인트 한번 칠하는 것은 | 않을 것이다 | 나쁘지.

❻   Nothing | come | **amiss** ‖ to me.
어떤 일로 | 되지 않아 | 나쁘게 ‖ 내게. *어떤 일이 와도 좋다.

❻   Nothing | comes | **amiss** | to a hungry man.
어떤 것도 | 되지 않아 | 나쁘게 ‖ 배고픈 사람에게. *시장이 반찬이다.

기본형

❶ Something | is amiss.   무언가 | 잘못이다.
❶ It | would not amiss [to do so].   [그렇게 하는 것도] | 나쁘지 않을 것이다.

asleep

(사람)

❸   As time went by, the wife | came | **asleep**.
시간이 지나면서, 아내는 | 되었다 | 잠들게.

기본형

❶ The child | was **asleep**.   애기는 | 잠들었다.

cheap

(사람)

❸ I | don't come | **cheap**.
나는 | 굴지 않아 | 값싸게.(Amy)

기본형

❶ I | am not **cheap**.   나는 | 값싸지 않다.

(사물)

❸ Good clothes | don't come | **cheap**.
좋은 옷은 | 되지 않아 | 값싸게.

❸ That lot | won't come | **cheap**.
그것 (책) 들은 | 되지 않을 거야 | 싸게.(2HP44)

❸ A good education | doesn't come | **cheap**.
좋은 교육은 | 결과로 나타나지 않아 | 싸게.

❸ The stereo | comes | **cheaper** if you buy the speaker too,   전축은 | 된다 | 싸게, 스피커하고 같이 사면.

기본형

❶ This | is | **cheap**.   이것은 | 싸다.
❶ The stereo | is **cheaper**.   전축은 | 더 싸다.

clean

(사람)

❻ She | came | **clean** ‖ about her crimes.
그녀는 | 되었다 | 고백하게 ‖ 그녀의 죄에 대해.

❼ I | had to come | **clean** | with her.
나는 | 해야 했다 | 사실대로 이야기 | 그녀에게.

기본형

❶ He | is (as) clean ⟨ as a whistle ⟩.
그는 ⟨ 호각처럼 ⟩ 깨끗하다. *(범죄경력 없이) 아주 결백하다.

축소형

❸ He | was clean ‖ about it.   그는 | 털어놓았다 ‖ 그것에 대해.

(사물)

❼ The planes left dirty {and} | came | back | **clean**.
비행기가 지저분하게 출발했다{가} | 왔어 | 돌아 | 깨끗하게.(Fm484)

기본형

❶ The hotel | was spotlessly clean.   호텔은 | 티없이 깨끗했다.(OED)

close

(사람)

❸ "| Do not come | any **closer**," God said.
"| 오지 마라 | 더 이상 가까이," 하나님이 말씀하셨다.(Ex3:5)

PART 1 - **형용사**   23

기본형

❶ | Don't be close.　　　　| 가까이 오지마.

dark

(사물)

❼　It | came | on | dark.
　　날이 | 졌다 | 차차 | 어두워.

기본형

❶ It | was dark.　　　　| 날이 | 어두웠다.

easy

(동물 · 의인화)

❼　　| Come | up | easy and let me put the harpoon into you.　　| 오라 | 올라 | 힘들게 굴지 말고. 네 몸에 작살을 박아 주마.(O&S52)

기본형

❶ |(Be) Easy now.　　　　| 여유를 가져라. 걱정 마.(Zh31)

(사물)

❸」　Easy」 come」, easy go.
　　　쉽게」 오면, 쉽게」 간다. *얻기 쉬운 것은 잃기도 쉽다.

❻　Words... | don't come | easy ‖ to me.
　　말이 | 나오지 않아 | 쉽게 ‖ 내게.

❻ [Learning the computer] | doesn't come | **easy** ‖ to me. [컴퓨터를 배우는 것은] | 되지 않아 | 쉽게. (내게)

❻ The work | will soon come | **easy** ‖ with a little practice. 그 일은 | 곧 될 것이다 | 수월하게 ‖ 조금만 익숙해지면.

기본형

❶ Is it | easy? 그것 | 쉽니?(2HP106)

축소형

❷ Words | are not easy ‖ to me. 말이 | 쉽지 않아 ‖ 내게.

fast

(사람)

❸ He had great power, and he | came | **fast**.
그는 힘이 세고, | 왔다 | 빠르게.

기본형

❶ He | is fast. 그는 | 빠르다.

fine

(사물)

❼ Things | are coming | along | **fine**.
일들이 | 오고 있다 | 나타나 (되어) | 잘.

[대화]

A : How are₁ things │ coming today?
　　오늘 어떻게 일들이 되어가니?

B : They│'re coming │ fine.
　　잘 되고 있어.

기본형

❶ They│'re fine.　　　　　　그것들은 │ 좋아.

first

(사람 · 조직)

❸ My family │ comes │ first.
　　내 가족이 │ 온다 │ 먼저. *우선이다. have a certain priority

❸ My country │ comes │ first.
　　조국이 │ 온다 │ 먼저. *우선이다.

기본형

❶ Who │ will be first?　　　누가 │ 첫 번째일까?

(관념 · 활동)

❸ Her words │ came │ first.
　　그녀 말이 │ 왔다 │ 먼저.(C1253)

❸ My work │ comes │ first.
　　내 일이 │ 온다 │ 먼저. *우선이다.

❸ Your work │ should always come │ first.
　　네 일이 │ 항상 와야 한다 │ 먼저.

기본형

❶ My work | is first.   내 일이 | 우선이다.

free

(사람)

❸ We should have resigned him last year before he | came | free.
작년 그가 | 되기 전 | 자유롭게, 우리는 그를 해임해야 했다.

기본형

❶ They | are free.   그들은 | 자유다.

good

(사람)

❸ They | come | good.
그들은 | 되었다 | 좋게.

⟨❸⟩ As a friend he's ⟨ as ⟩ good ⟨ as they | come | ∨⟩.
친구로서 ⟨ 그는 더할 나위 없이 좋은 ⟩ 녀석이다. *∨ = as = good

기본형

❶ They | are so good.   그들은 | 정말 좋다.

handy

(사물)

③ It | will come | very **handy**.
그것은 | 될 거야 | 매우 유용하게 (또는 가까이).

⑦ A food processor | comes | in | **handy**.
음식제조기는 | 된다 | 기능하게 | 유용하게.

⑦ My girlfriend's knowledge of law | comes | in | handy when the police stopped us for speeding.
내 여자친구의 법지식은 | 되었다 | 기능하게 | 유용하게, 경찰이 과속으로 우리를 세웠을 때.(EID)

기본형

❶ It | is handy.   그것은 | 유용하다. 편리하다; 가까이 있다.

hard

(신체)

③ His breath | came | **hard**.
그의 숨이 | 되었다 | 가파르게.

기본형

❶ His breath | was **hard**.   그의 숨이 | 가파랐다.

how

(사람)

❼ **How** did you | come | <u>out on</u> that project |∨?
너는 | 되었니 | 그 프로젝트 결과가 | 어떻게?(NQE) *∨ = how

[대화]

A : ❼ **How** did you | come | <u>out with</u> your exam |∨?
당신 시험은 어떻게 됐습니까?

B : I passed it.
통과했습니다.(SMV)

기본형

❶ How are you |∨?　　　　　너 | 어떠니? *∨= how

(관념 · 활동)

❸ **How** did˩ it | come |∨ [that you quarreled]?
어떻게 해서 [네가 말다툼을 하게] 되었는가? *it = that *∨ = how

❸˩ **How**˩ comes˩ it [that you didn't know]?
[자네가 그것을 몰랐다니] 대체 어떻게 된 건가? *do를 쓰지 않는 경우

❸˩ **How**˩ come˩ [you're in the hospital]?
어떻게 하여? 되었니 [네가 병원에 있게]? *it가 없는 경우

❸˩ **How**˩ come˩ [you never told me]?
어떻게 하여 되었니 [네가 내게 말하지 않게]? *it가 없는 경우

❸˩ **How**˩ come˩ [she got that job easily when she hasn't got any qualifications]?
[자격도 없는데 그녀가 그렇듯 쉽게 직업을 얻은 것은] 어떻게 하여 되었는가?
*How come(s)?은 How it come?에서 it가 생략되어 why와 같은 의미를 나타낸다.

[대화 1]

A : ❸˩ **How**˩ come˩ [you're here]?
넌 왜 늦었니?

PART 1 - **형용사**　29

B :   Because of a traffic jam.
      교통 혼잡 때문에.

[대화2]
A :   ❸」 **How**」 come」[you are not working today]?
      넌 오늘 왜 근무를 하지 않니?
B :   Because today is my off-day.
      오늘은 쉬는 날이므로.

기본형

❶」 How are」 things?   어떠니」 일들은?

hungry

(사람)

❼   I | came | home | **hungry**.
    나는 | 왔다 | 집에 | 배고픈 채.

기본형

❶ He | was **hungry**.   그는 | 굶주렸어.

late

(사람)

❸   She | came | **late**.
    그녀는 | 왔다 | 늦게.

기본형

❶ She | was late.　　　　그녀는 | 늦었어.

(사물)

❸　The first success | came | three days • **later**.
　　첫 성공은 | 왔다 | 3일 늦어.

기본형

❶ The train | was late.　　　기차가 | 늦었어.

live

(사람)

「❻　This telecast | is coming ‖ to you 「**live** (from Wimbledon).
　　이 방송은 | 오고 있습니다 ‖ 여러분에게 「생방송으로 (윔블던에서).

기본형

❶ This | is live (from the Henry Fonda Music Box in Los Angeles).
　이것은 | 생방송이다 (LA의 헨리폰다 음악박스로부터).

축소형

❸ You | were on | live.　　　너는 | 나왔다 | 생방송에.(EXO1118)

수식어

〈 〉 I saw about five 〈 live 〉 bands. 난 다섯 팀 정도의 〈 라이브 〉 밴드를 보았다.

loose

(사람)

❸ The rope | came | **loose**.
밧줄이 저절로 풀렸어.(2LR241)

❸ My shoes | came | **loose**.
내 구두가 | 되었다 | 헐거워지게.

❸ The shoelace | came | **loose** (= untied).
구두끈이 느슨해졌다 (풀렸다).

❸ When I hit the handle with a hammer, the handle | came | **loose**.
망치로 쳤더니 핸들이 | 되었다 | 헐거워지게.(NQE)

❸ ...and everybody's chains | came | **loose**.
모든 사람의 매인 것이 | 되었다 | 풀어지게.(Ac16:26)

기본형

❶ My shoes | was loose.   내 구두가 | 헐거웠다.
❶ The handle | was loose.   핸들이 | 헐거웠다.

loud and clear

(사물)

❼ The pilot's voice | came | in | **loud and clear**.
파일로트의 목소리가 | 왔다 | 들려 | 명쾌하게

⑦ The coach's displeasure | came | through | **loud and clear.** 코치의 불만이 | 왔다 | 전해져 | 명쾌하게.

기본형

❶ His voice | was loud and clear. 그의 목소리는 | 명쾌했다.

lucky

(사람)

⑦ I | have never come | off | **lucky** (in gambling).
나는 | 된 적이 없다 | 성공하게 | 행운으로 (도박에서). *도박 재미를 본 적이 없다.

기본형

❶ I | was lucky. 나는 | 행운이었다.

naked

(사람)

⑦ **Naked** | I | came | from my mother's womb, and naked I will depart.
벌거벗고 나는 | 왔다 | 모태에서. 그리고 벌거벗고 떠날 것이다.(Job1:21)

기본형

❶ I | was naked. 나는 | 벗은 몸이었다.

near

(사람)

❸　│ Come │ **near** so I can touch you, my son,
　　│ 오라 │ 가까이, 너를 만질 수 있게, 내 아들아(Ge27:21)

❸　You │ came │ **near** {when} I called you, and you said, "Do not fear."
　　내가 부를 {때}, 주께서 │ 오셨습니다 │ 가까이, 그리고 "두려워 말라"고 하셨습니다.(La3:57)

❸　The enemy army │ came │ **nearer and nearer.**
　　적군이 │ 왔다 │ 계속 더 가까이.

기본형

❶ They │ were **near**.　　　　그들이 │ 가까웠다.

old

(사람)

❸　He │ is coming │ twenty years • **old**.
　　그는 │ 되고 있다 │ 20세가. *20세가 다 되어 간다.

⟨❸⟩　a child ⟨│ coming │ eight years • **old** ⟩.
　　⟨ 8살이 다 되어 가는 ⟩ 아이.

기본형

❶ I I'm 30 years • **old**.　　　　나는 │ 30세야.

right

(사람)

❸ Things | will come | **right**.
일이 | 될 것이다 | 잘.

❼ It | will come | <u>out</u> | all **right** (in the end).
모든 일이 | 올 것이다 | 나 | 모두 잘. *만사가 잘 될거야.

❼ Don't worry. It | will all come | <u>out</u> | **right** (in the end).
걱정 마. 그건 | 모두 올 것이다 | 나 | 옳게 (결국에는).

❼ No matter how many times I go over the figures, they | just don't come | <u>out</u> | **right**.
아무리 계산을 해도, 그것은 | 오지 않아 | 나 | 옳게.(ECD731) *계산이 맞지 않아.

기본형

❶ Things | are right.   일이 | 잘 됐다.

short

(신체)

❸ My breath | came | **short**.
숨이 | 되었다 | 가쁘게.

기본형

❶ My breath | is short.   내 숨이 | 가파르다.(Pops)

sleepy

(사람)

③   I | came |〈 over 〉 **sleepy** (or dizzy, chilly).
나는 | 왔다 |〈 매우 〉졸음이 (현기증이, 오한이).

기본형

❶ I | was〈 over 〉 sleepy (or dizzy, chilly).
나는 |〈 매우 〉졸음 (현기증, 오한) 이 났다.

stingy

(사람)

〈③〉   She's〈 as 〉 **stingy**〈 as they | come | ∩〉.
그녀는〈 그들이 인색해 질 수 있을 만큼 〉인색하다. *∩ = as (so) stingy

기본형

❶ She |'s so stingy.   그녀는 | 매우 인색하다.

true

(사람)

③   His dream | finally came | **true**.
그의 꿈이 | 결국 되었다 | 실현.

③   Your wish | will come | **true**.
네 소망이 | 될 것이다 | 실현.

❸   What I have long hoped | has at last come | **true**.
　　　내 오랜 소망이 마침내 실현되었다.

❸   We may honor you when your word | comes | **true**.
　　　당신의 말씀이 | 될 때에 | 이뤄지게, 우리가 당신을 존경할 것입니다.(Jdg13:17)

[❻]   You will now see [whether or not what I say | will come | **true** ‖ for you].
　　　너는 [이제 네 말이 네게 응하는 여부를] 볼 것이다.(Nu11:23)

기본형

> [❶]   Juanito was so surprised [that his dream | was **true**].
> 　　　쥬아니토는 [그의 꿈이 | 실현된 것에] 놀랐다.

PART 2
소사 *particle*

about....above....across....after....ahead....along....apart....around....away....back....before....behind....below....between....by....down....forth....forward....in....inside....off....on....out....outside....over....past....through....to....together....under....up....within....aboard....alongside....from above....back around....from away....from behind....up from behind....from below....along in....on in....from inside(outside)....back on....on and on....back up....on up

about

(사람)

❸ He | will be come | **about** soon.
그는 | 올 거야 | 부근에 곧.

[❸] I think [we |'ll have to come | **about** and go back].
내 생각으로 [우리는 방향을 바꿔 돌아가야 할 것 같은데].

기본형

❶ He | will be about soon.   그는 | 곧 부근에 올 거야.
❶」 About」 face!   돌려」 얼굴! *뒤로 돌아!

(물건)

❸ The ship | came | **about** {and} headed back to the port. 배가 회항하여 다시 항구로 향했다.

기본형

❶」 About」 ship!   돌려」 배! *배 방향 돌려!

(관념 · 활동)

❸ A good result | will come | **about**.
좋은 결과가 | 올 거야 | 부근에. *발생하다.

❸ A great change | has come | **about** since the war.
거대한 변화가 | 되었다 | 초래, 전쟁 후.

❸ This situation | should never have come | **about**.
이러한 일을 | 절대로 않았어야 했다 | 일어나지.

❻ No prophecy of Scripture | came | **about** ‖ by the prophet's own interpretation.
성경의 예언은 사사로이 풀 것이 아니다.(2Pe1:20)

[❼] Can you tell me [how」 the accident | come | **about**].

40

[어떻게 사고가 나게 되었는지] 말해 줄 수 있니?(cf4HP626)

[❼] This is [how⌐ the birth of Jesus Christ | came | **about**].
[예수 그리스도의 나신 경위는] 이러하니라.(Mt1:18)

❼ You got a promotion at work? How⌐ did that | come | **about**? 승진했다며? 어떻게⌐ 그런 일이 | 되었니 | 일어나게?(EID)

❼ How did⌐ it | come | **about** [that you missed the plane]?
어떻게 하여 [네가 그 비행기를 놓치는 일이] 발생하였니?

기본형

❶ A good result | will be **about**.   좋은 결과가 | 있을 거야.
❶ Every kind of rumor | was **about**.   갖가지 소문이 | 돌고 있었다.
❶ There is⌐ rumor | **about** [that Sandberg is at it again].
[샌버그가 또 그런다] 는 루머가 | 주변에 있다. *[ ]은 rumor와 동격어

above

(물건)

[❸] They showed us [how to behave {if} bombers | came | **above**]. 그것들은 [폭격기가 위에 오면 어떻게 행동할 것인가를] 보여준다.

기본형

❶ Is it | **above** or below?   그것은 | 위에 있니 아래에 있니?

across

(사람)

❸ He | came | **across**.
그는 | 왔다 | 건너.(CPD688)

❸ Grab my wrist {and} | come | **across**.
내 팔목을 잡고{서} | 와요 | 건너.(Spe142)

기본형

❶ He | was **across** already.   그는 | 이미 건넜다.
❶ He |'ll be soon **across**.   그는 | 곧 건널 거야.

(관념 · 활동)

❸ Your argument | came | **across** well.
네 주장이 | 졌다 (되었다) | 잘 가로질러 (전달).

기본형

❶ Their message | was **across** already.   그들의 메시지는 | 이미 전달되었다.

after

(사람)

⟨❸⟩ He ⟨ who | comes | **after** ⟩ has surpassed me because he was before me.
⟨ 내 뒤에 오는 ⟩ 이가 나보다 앞선 것은 나보다 먼저 계셨기 때문이다.(Jn1:15)

❼ He | came | trembling | **after**.
그는 | 왔다 | 떨면서 | 뒤에.

❼ The fatty | came | tumbling | **after**.
뚱보는 | 왔다 | 대굴대굴 구르듯이 달려 | 뒤에서.

기본형

❶ | After (me)! | (나를) 따라라!

(사물)

❸   What | comes | **after**?
       무엇이 | 오는가 | 다음에?

[❸]   [What | must come | **after**] must come.
       [후에 와야 할 것은] 마땅히 와야 한다.(2LR273)

❼   The little dog | came | following | **after**.
       작은 개가 | 왔다 | 따라서 | 뒤에.

기본형

❶ What | is <u>after</u>?   무엇이 | 다음이냐?
❶ It | is <u>after</u> but before.   그건 | 전이 아니라 후이다.(Ro4:10)

ahead

(사람)

❸   He | came | **ahead**.
       그가 | 왔다 | 앞서.

기본형

❶ Who | is <u>ahead</u>?   누가 | 앞서 있나.(TEPS)

(사물)

❸」   Then there came」 noise | far **ahead**.
       그리고 들려왔다」 소리가 | 멀리 앞에서.(CN291)

기본형

❶」 There was」 water | **ahead**.   물이 | 앞에 있었어.(Te127)

along

(사람 · 조직)

❸ Are you | coming | **along**.
너 | 갈거니 | 따라?(FG47)

❸ You go now – I | 'll come | **along** a little later.
너 지금 가– 난 조금 뒤에 따라 갈게.

❸ | Come | **along**, we haven't got much time!
| 와 | 따라, (서둘러, 빨리), 시간이 얼마 없단 말이야!

❸ You | don't have to come | **along**.
넌 | 올 필요가 없어 | 따라. * 반어 : 그렇게 서두를 필요는 없어.

[**❸**] I'm going to museum this afternoon. How about [|
coming | **along**]?
난 오후 박물관에 갈 거야. [같이 가는 게] 어때?

❸ An old man with a rucksack | came | **along** (the road).
배낭을 멘 노인이 (그 길을) 따라 왔다.(EPV)

❸ The company | is coming | **along** very well.
회사는 | 되어가고 있다 | 매우 잘 (세상) 따라?

❼ I | 'll come | **along** | **on** the hike.
난 | 갈 거야 | (선두를) 따라 | 등산에서. ☞ along on~

[대화]

A : **❸** Why don't you | come | **along**?
같이 가는 것이 어때요?

B : Sorry, I | 'm tied up now.
미안, 나 지금 바빠.

기본형

- ❶ My sister | was not **along**. 내 누이는 | 함께 가지 않았어.
- ❶ Mr. Locke | will be **along** shortly. 로크씨가 | 곧 따라 올 거야.
- ❶ She I'll be **along** soon. 그녀는 | 곧 따라 붙을(올) 거야.
- ❶ Why aren't you | further **along**? 우리 | 계속 같이 일하지 그래?

Joke

The kindergarten teacher was standing outside her room as the children entered one morning. ❸ **Along** came little David, deliberately winking his left eye.

"Why, David," said the teacher, "are you winking at me?"

"No, just got my turn signal on," David replied, making a neat left turn into his room.

어느 아침 애들이 들어오자 유치원선생이 방 밖에 서 있었다. 꼬마 대빗도 따라 들어오면서 왼쪽 눈을 의도적으로 윙크하고 있었다.
"대빗, 왜 내게 윙크하는 거니? 선생이 물었다.
"아니에요, 내 깜박이 등을 켰을 뿐이에요" 라고 대빗이 말하면서 정확히 좌회전하여 방안에 들어왔다.

(사물)

- ❸ A fox | came | **along**.
  한 여우가 | 왔다 | 따라.
- ⟨❸⟩ Don't take the first offer ⟨ that | comes | **along** ⟩.
  ⟨제시되는⟩ 첫 제안을 택하지 말라.
- ❼ How is your work (business) | coming | **along**?
  작업 (사업) 은 | 진행되니 | 어떻게 | 따라?
- ❼ How is your report | coming | **along**?
  그 보고서 | 가니 | 어떻게 | 되어?(ECD714)

[대화]

A : ❼ How is your English | coming | **along**?

당신 영어는 잘 되어가고 있습니까?

B : My English is improving day by day.
내 영어는 나날이 개선되어 갑니다.(SMV)

기본형

> ❶ It (= the basilisk) | could be **along** any moment.
> 그것은 | 언제라도 올지 몰라.(2HP308)
> ❶ Their program | is well **along**. 그들의 계획은 | 잘 따르고 (되고) 있어.
> [❶] I heard [his work | was quite far **along**].
> 나는 [그의 일은 상당히 진척되었다고] 들었다.

apart

(사물)

❸ The session | came | further **apart**. {and} finally stopped.
그 모임은 | 되었고 | 점차 드물어지게, 마침내 중단되었어.(Pt239)

❻ This shirt | has come | **apart** ‖ at the seams.
이 셔츠는 | 되었다 | 터지게 ‖ 솔기 부분이.(EPV)

❼ It | just came | **apart** | in my hands.
그건 | 바로 되었다 | 분해 | 내 손 안에서.

❼ One sleeve | came | **apart** | in the washing machine.
소매 하나가 | 되었다 | 분해 | 세탁기 안에서.

기본형

> ❶ The machine | is **apart** {because} they were doing repairs.
> 그 기계는 | 분해되어있다, 그들이 수리를 하고 있으므로.
> ❶ The killings | were two hours • **apart**.
> 그 살해사건들은 | 2시간 간격이었다.(Pel53)

around

(사람)

❸ You | should come | **around**.
넌 | (놀러) 와야 해 | (내) 주변에.(Amy)

❸ She | came | **around** soon.
그녀는 | 왔다 | 곧 주위에.

❸ The mailman | comes | **around** twice a day.
우편배달원은 | 온다 | 주위에, 하루에 두 번.

❸ The neighbors | come | **round** often. They are very friendly. 이웃 사람들이 | 온다 | 종종 들르러. 그들은 매우 친절하다.(EID)

❸ You | 'll come | **around** {after} you hear the whole story.
넌 | 될 거야 | 돌아오게 (생각을 바꾸게), 전체이야기를 들으면.

[❸] I knew [you | would come | **around** in the end].
나는 [결국 네가 마음을 돌릴 줄] 알았어.(5HP177)

[❸] I'm glad [Dick | came | **around**]. We really need his help. 난 [딕이 생각을 바꾸어서] 기뻐, 우린 정말 그의 도움이 필요해.(EID)

❸ He fainted {but} | soon came | **around**.
그는 기절했으(나) | 곧 되었다 | (정신이) 돌아오게.(CN103)

[❸] How long will it take [for Meg | to come | **around**]?
[멕이 의식을 차리는데] 얼마나 걸릴까?

❸ He | 's coming | **around** quite well.
그는 | 되고 있다 | 잘 회복되고.

기본형

❶ I | 'm gonna be **around**.　　내가 | 주변에 머무를게.
❶ He | will be **around** soon.　그는 | 곧 이 주변으로 올 거야.
❶ He | 's just **around**.　　　　그는 | 바로 이 주변에 있어.(7FND46)
❶ | **Round** and **round**.　　　| 빙빙 돌아라.
[❶] Pray [you | be **round** (with him)].
[네가 (그를) 정신이 들게 (책망) 하도록] 바래.　☞ around with

(관념 · 활동)

❸ The opportunities like this | don't come | **around** every day.　이런 기회는 | 되지 않아 | 날마다 오게야.

❸ Christmas | will soon come | **around**.
크리스마스가 | 곧 올 거야 | 돌아.

❸ Winter | will come soon | **round** again.
겨울이 | 곧 올 거야 | 다시 돌아.

❸ [What goes around] | comes | **around**.
[이리저리 간 것은] 이리저리 돌아오게 돼 있어. *자업자득이야.

기본형

❶ The news | is all **around**.　　그 뉴스가 | 온통 퍼져있어.
❶ Love | is all **around**.　　　　사랑이 | 모든 곳에 있어.
❶ Help | will be **around** {if} need it.
필요하(면) 도움은 | 언제든지 주변에 오게 될 거야.

away

(사람)

❸ | Come | **away**. It's dangerous there.
| 오세요 | 이쪽으로 떠나. 거긴 위험해요.(EPV)

기본형

❶ | Away!　　　　　　　| 떠나라!

(사물)

❸ The branch | came | **away**.
가지가 | 되었다 | 부러져 떨어지게.

기본형

❶ The letters | are **away** (in the box).   편지는 | 떨어져 있어 (상자 안에).

back

(사람)

[❸] Do you want me [| to come | **back**]?
당신은 [내가 돌아오기를] 원하십니까?

❸ You | could always come | **back**.
너는 | 언제라도 올 수 있어 | 되돌아.

❸ He | will soon come | **back**.
그는 | 곧 올 거야 | 돌아.

❸ Tristram | came quickly | **back**.
트리스트램은 | 빨리 왔다 | 돌아.(KA27)

❼ He | came | **back** | safe and sound.
그는 | 왔어 | 돌아 | 건강하고 안전하게.

[대화]

A : ❸ When are you | coming | **back**?
언제 너 돌아오니?

B : Next Saturday.
다음 주 토요일.(TEPS)

기본형

❶ I | 'll be right **back**.   나 | 곧 돌아올게.
❶ " | **Back**, **back**!", cried Argon. "Turn if you can!"
" | 뒤로, 뒤로!" 아르곤이 외쳤다. "가능하면 돌아"!(1LR433)
❶ He | is **back**.   그가 | 돌아와 있다.

(신체 · 정신)

❸ Slowly my breath | came | **back**.
천천히 내 호흡이 | 왔다 | 돌아.

❸ My headache | came | **back**.
내 두통이 | 왔다 | 돌아.

❸ My memories | came | **back**.
내 기억이 | 왔다 | 돌아.

기본형

❶ My breath | was **back**.   그는 | 다시 숨을 쉬었다.(1ER409)
❶ My memories | are **back**.   내 기억이 | 살아난다.

(사물)

❸ The money | came | **back**.
돈이 | 왔다 | 반환되어.

❸ The report of Riddles' body | came | **back**.
리들가의 사체에 대한 보고가 | 왔다 | 돌아.(4HP9)

❸ Short skirts | are coming | **back**.
짧은 스커트가 | 오고 있다 | 돌아. *다시 유행하다.

기본형

❶ My money | is **back**.   내 돈이 | 반환되어 있다.
❶ Short skirts | are **back**.   짧은 스커트가 | 다시 유행이야.

before

(관념 · 활동)

❸ What | came | **before**?
무슨 일이 | 왔었니 | 전에?

> 기본형
>
> ❶ What | was before?   무슨 일이 | 전에 있었니?

behind

(사람)

❸   We | will also come | **behind**.
      우리도 | 올 거야 | 뒤에.(2LR201)

❸   They | came | close **behind**.
      그들은 | 왔다 | 가까이 뒤에.(2LR262)

❸」 Then came」the voice of Faramir | close **behind**.
      그러자 들려왔어」파라미어의 목소리가 | 가까운 뒤에서.(2LR317)

❼   Sam | came | up | **behind**.
      샘이 | 왔어 | 올라 | 뒤에.(1LR374)

> 기본형
>
> ❶ You |'re way • behind.   너는 | 한참 쳐져 있어.

below

(사람)

❸   The crew | came | **below**.
      선원들은 | 왔다 | 아래로 (선실로).

> 기본형
>
> ❶ In a few second, she | had been below,...
>   순식간에, 그녀는 | 아래에 있었다.(CN479)

between

(물건)

❸ We could not see the moon, for a cloud ｜ came ｜ **between**. 구름이 ｜ 끼었기 때문에 ｜ 사이에, 우리는 달을 볼 수가 없었다.

기본형

❶ Two windows with [a door ｜ **between**].
[가운데에 문을 끼고 있는] 두 개의 창.

by

(사람)

❸ I ｜ 'll come ｜ **by** { and } pick you up tomorrow morning.
내일 아침 내가 ｜ 와{서} ｜ 곁에, 너를 태워 갈게.

❸ When I have time, I ｜ will come ｜ **by**.
내가 시간 나면, 내가 ｜ 올 게 ｜ 곁에. *잠깐 들를 게.

❸ Next time you're over this way, ｜ please come ｜ **by**.
다음 번 이곳에 올 때는, 꼭 들러주십시오.

❸ My friend ｜ came ｜ **by** { just as } we were talking about him.   우리가 그의 얘기를 막 하고 있을 때, 내 친구가 ｜ 왔다 ｜ 곁에.

❸ One of the servant girls of the high priest ｜ came ｜ **by**.
대제사장의 하녀 중 한 명이 ｜ 왔다 ｜ 옆에.(Mk14:67)

❸ So whenever he ｜ came ｜ **by**, he stopped there to eat.
엘리사가 ｜ 올 (지날) 때마다 ｜ 곁에, 음식을 먹으러 그리로 들어갔다.(2Ki4:8)

❸ If someone ｜ comes ｜ **by** and asks you, 'Is anyone here?' say 'No.'
만일 사람이 곁에 와서 네게 묻기를 여기 어떤 사람이 있느냐 하거든 너는 없다 하라.(Jdg4:20)

기본형

[❶] I happened [| to be **by**].   나는 우연히 곁에 있게 되었다.
❶ Nobody | was **by** {when} the fire broke out.
  불이 났을 {때} 아무도 | 옆에 없었다.
[❶] I will call you in a day or two to see [if anyone | has been **by**].
  [누가 있는지] 알기 위해 한 이틀 사이에 네게 전화할 게.

down

(사람)

❸ They | came | **down**.
  그들이 | 왔다 | 내려.

❸ "Man of God, the king says, '| Come | **down**!' "
  왕의 말씀이, '내려오라' 하셨나이다(2Ki1:9)

❸ Can you | come | **down** a little?
  나는 | 깎을 수 있나요 | 약간 내려?(TEPS)

❸ He | has come | **down** quite a bit. He's just a salesperson now.
  그는 엄청 지위가 내려갔어. 이제 겨우 판매 사원에 불과해.(NQE)

기본형

❶ "**Down**!"   ⓐ | 내려 앉아! ⓑ 자세 낮춰! ⓒ 깎아요!
❶ He | 'll be right **down**.   그는 | 금방 내려갈 거예요.(ECD763)
❶ He | is **down** (by ten dollars).   그는 | 잃었다 (10달러).

(물건)

❸ The snow | comes | **down**.
  눈이 | 온다 | 내려.

[❸] See the snow [| come | **down**]!

봐라 눈이 | [내려오는 것을]!

❸ The plane | came | <u>down</u> (near the lake).
비행기가 | 왔다 | 내려 (호수 근처에). *불시착했다.

❸ Vegetables | have come | <u>down</u> (in price) this week.
채소가 | 왔다 (가격에서) 내려, 이번 주에.

기본형

- ❶ The moon | was <u>down</u>.   달이 | 졌어.
- ❶ Hose | <u>down</u>!   호스 | 내려라!
- ❶ Bread | is <u>down</u>.   빵 값이 | 내려 있다.

(관념 · 활동)

❸ An indictment | finally came | <u>down</u>.
기소장이 | 결국 되었다 | 내려지게. *승인되다.

❸ An order | has come | <u>down</u> [that the project will be canceled].
[그 프로젝트를 취소하라는] 명령이 내려졌다.(EPV)

❸ What |'s coming | <u>down</u> tonight?
무엇이 | 오고 있니 | 내려, 오늘 밤? *무슨 일이 일어나니?

❼ How will ‿ your ideas | go | <u>down</u> { as far as } corporate marketing is concerned?
법인마케팅에 관한 한 네 아이디어가 어떻게 승인될까?

기본형

- ❶ An indictment | was <u>down</u>.   기소장이 | 내려졌다.
- ❶ His name |'s been <u>down</u> { ever since } he was born.
  태어날 { 때부터 } 그의 이름은 | (입학명단에) 기록됐어.(1HP58)
- ❶ What |'s <u>down</u> tonight?   무슨 일 | 있니 오늘밤?

forth

(사람)

❸　Saruman, | come | **forth**!
사루만, | 오라 | 앞으로.(2LR201)

❸　If anyone has any different ideas, | please come | **forth**.　다른 생각 있으신 분은, 나오세요 | 앞으로.(NQE)

❼　When he has tested me, | I | will come | **forth** | as gold.
그가 나를 단련하신 후에는 내가 | 오리라 | 나 | 정금같이(Job 23:10)

기본형

❶ Now **forth**, Lord Constable, and Princess all.
이제 앞으로」 콘스테이블 경, 왕자들 모두.(HV68)

❶ They | are all **forth**.　그들은 | 모두 앞에 있어.

forward

(사람)

❸　| Come | **forward**.
| 와라 | 앞쪽으로.

❸　Then the young men | came | **forward**.
젊은 사람들이 | 왔다 | 나아.(Ac5:6)

❸　At this time some astrologers | came | **forward** {and} denounced the Jews.
그때에 어떤 갈데아 사람이 나아와{서} 유다 사람들을 참소하니라.(Da3:8)

[❸]　The police asked those 〈 who had witnessed the accident 〉[| to come | **forward**].
경찰은 사고를 목격한 사람에게 [앞으로 나오라고] 요청했다.

❸ For forty days the Philistine | came | **forward** every morning and evening and took his stand.
그 블레셋 사람이 사십일을 조석으로 나와서 몸을 나타 내니라.(1Sa17:16)

❼ Half-a-dozen house-elves | came | hurrying | **forward**. 대 여섯 명의 집 요정들이 | 왔다 | 급히 | 앞으로.(4HP467)

기본형

❶ | Forward, Neville, and finish him off!
| 전진, 네빌, 그를 끝장 내.(3HP139, 1HP112)
❶ They | are forward.   그들은 | 전방에 있어.

in

(사람)

❸ May I | come | **in**?
내가 | 가도 될까요 | 들어?

❸ " | Come | **in**, wife of Jeroboam".
여로보암의 처여, 들어오라.(1Ki14:6)

❸ "Come, my Lord, | come | right **in**."
"와요, 나의 주여, | 와요 | 바로 들어."(Jdg4:18)

❸ He | came | **in**.
그가 | 왔어 | 들어.

❸ **In** came the doctor.
들어 왔어 그 의사가.

❸ No one went out and no one | came | **in**.
아무도 출입하는 자가 없더라.(Jos6:1)

❸ They | came | **in** {and} stood beside the bronze altar.
그들이 | 들어와서 | 안에, 놋 제단 곁에 서더라.(Eze9:2)

❼ The nurse | came | bustling | **in**.
간호사가 | 왔어 | 법석 떨며 | 안으로.(3HP89)

❼ You | came | butting | **in**.
네가 | 왔어 | 끼어 | 들어.(6HP287)

❼ The rest of the class | came | clattering | **in**.
나머지 학생들이 | 왔어 | 소란스럽게 | 안으로.(2HP99)

❼ Some Hobbits | came | running | **in**.
호빗족 사람 몇 명이 | 왔어 | 달려서 | 안으로.(3LR314)

❼ Eustace | came | rushing | **in**.
유스터스는 | 왔어 | 급히 | 안으로.(CN438)

[대화]

A : Hello, Dr. Johnson's office? May I help you?
여보세요, 존슨 씨 병원입니다. 무엇을 도와 드릴까요?

B : Yes, I need to see the doctor.
예, 진료를 받고 싶은데요.

A : ❸ When would you | like to come | **in**?
언제 오시겠어요?

B : How about right now?
지금 바로 가도 될까요?(TEPS)

기본형

❶ I | 'm in.   나 | 들어있어.(GWH75)
❶ " | **In!**," he said.   "들라", 그가 말했어.(2HP78)
❶ You | 're in.   넌 | (팀에) 끼인다.(6HP284)
❶ He | 's in.   그는 | 안에 있어.
❶ He | won't be in (until seven o' clock).
그는 | 오지 않을 거야 (7시까지는).
❶ Where are they, Walter? | Still in.
그들은 어디 있니, 왈터?, | 여전히 안에 있어.(DHV186)
❶ What time will he | be in?   그 분 | 몇 시에 들어와요?(ECD759)

(물건)

❸ Fall clothes | will be coming | **in** soon.
가을 의류가 | 될 것이다 | 입하, 곧.

❸ The train | is coming | **in** now.
　　열차가 지금 들어오고 있다.

❸ The horse | came | **in** (second in the race).
　　그 말이 | 왔다 | 들어 (경주에서 2등으로).

❸ Miniskirts | have come | **in** again.
　　미니스커트 | 되었다 | 다시 유행이.

❸ When do the deliveries | come | **in**?
　　언제 배달이 | 오지요 | 들어?(ECD797)

❸ When do strawberries | come | **in**?
　　언제 딸기가 | 오지요 | 들어? *나기 시작하다.

❸ But when the crop | comes | **in**, give a fifth of it to Pharaoh.　　추수의 오분일은 바로에게 상납하라.(Ge47:24)

❸ The fog | is coming | **in**.
　　안개가 | 오고 있다 | 들어. *끼기 시작하다.

기본형

❶ Your rug | is **in**.　　　　　　주문한 양탄자 | 입하.(EXO)
❶ The train | was **in**.　　　　　기차가 들어와 있었다.
❶ Short skirts | are **in** (fashion).　짧은 스커트가 | 유행이야.(OAD)

(관념 · 활동)

❸ School reports | came | **in** { and } Rennie's is good.
　　학교통신부가 | 왔다 | 들어 {그리고} 레니 것은 좋았다.

❸ New weather information | just came | **in**.
　　새 일기 예보가 | 방금 왔다 | 들어.(TS)

❸ The news of a plane crash | has just come | **in**.
　　비행기사고 뉴스가 | 방금 왔다 | 들어.

❸ This fashion | came | **in** several years ago.
　　이 패션은 | 되었다 | 유행, 수년 전부터.

❸ Has it | ever come | **in**?
　　그것 (복권) 당첨된 적 있어?(NF30)

[❸]   His family has 2800 dollars [| coming | **in** (every month)].   그의 가족은 2800달러가 [(매달) 들어오고 있다].

기본형

- ❶ At least it | 's all in.   최소한 그것은 | 다 들어갔군.(5HP53)
- ❶ The DNA report | was in.   DNA 보고서가 | 들어와 있다.
- ❶ His luck | was in.   그의 운이 | 틔었다.

inside

(사람)

❸ | Come | **inside**.
   | 오라 | 안으로.

기본형

- ❶ " | Inside, please," said Professor Lupin.
   | "안쪽으로 (들어와)," 루핀 교수가 말했어.(3HP132,6HP176)

off

(사람 · 신체)

❸   I | have never come | **off** (lucky in gambling).
   나는 | 된 적 없어 | 좋게 (도박에서 재미를 보아).

[❸]   She is sure [| to come | **off** badly] if challenged to explain.   설명하도록 요구되면 그녀는 [방면되기 어려울 것이] 확실해.

PART 2 – 소사   59

기본형

❶ They | were off.   그들은 | 떠났어.(1HP185)
❶ I |'m better (well) off now.   나는 | 예전보다 좋아졌어.

(신체)

❸ My fingernail | came | off.
   손톱이 | 되었다 | 잘라지게.

❸ There's legs | have got to come | off, soldier.
   다리가 | 되어야 해 | 절단, 군인 양반.(GWW108)

기본형

❶ 'Are their heads | off?', inquired the Queen.
   '그들 목이 | 떨어졌니?', 여왕이 물었다.(AAW90)

(물건)

❸ My coat button | came | off.
   내 코트 단추가 | 버렸어 | 떨어져.

❸ The handle | came | off.
   자루가 | 되었어 | 빠지게.

❸ The rope | came | off (itself).
   밧줄은 | 왔어 | 풀어져 (저절로).(2LR241)

[❸] I don't think [the stain | come | off].
   [얼룩진 것이 빠지지] 않을 것 같아.

[❸] He made the wheels of their chariots [| come | off].
   그는 [병거 바퀴를 벗겨지게] 하였다.(Ex14:25)

[대화]

A: ❸ Won't the color | come | off?
       색깔이 빠지지 않을까?

B: ❸ It | won't come | off.
       그건 빠지지 않을 거야.

기본형

❶ The lid | is off. 뚜껑이 | 벗겨져 있어.
❶ The gliding | is off. 도금이 | 벗겨져 있어.
❶ The stain | is off. 얼룩이 | 빠졌다.

(관념 · 활동)

❸　The prediction | came | **off**.
　　예언이 | 맞아 | 떨어졌다.(반의)

❸　When did the exhibition | come | **off**?
　　언제 그 전시회는 | 되나요 | 열리게?

❸　When is the wedding | coming | **off**?
　　언제 결혼식이 | 되니 | 거행?

〈❸〉　A party 〈 that | came | **off** 〉.
　　〈 성공적으로 끝난 〉 파티

❸　His attempt to persuade her | did not come | **off**.
　　그녀를 설득하려는 그의 시도는 | 못했다 | 성공하지.

❸　We planned for two weeks {so that} the trip | would come | **off** well.
　　우리는 그 여행을 순조롭게 진행시키려고 수주일 계획을 했다.(EID)]

기본형

❶ The home work | is off. 숙제가 | 성공적으로 끝났다.

on

(사람)

❸　| Come | **on**.
　　ⓐ | 오라 | 붙어 (접근해). ⓑ 자아 이봐. ⓒ (반어) 그만 둬.

❸　| Come | **on**, don't sit there dreaming.

자아 이봐. 멍청하게 앉아 있지 마라.

❸ Daddy, will you | come | **on** {and} finish the story?
아빠, (내게) 가까이 와서 이 이야기마저 읽어 줄래?(K&K79)

❸ I hit the refrigerator {when} she | comes | **on** (TV),
그녀가 | 되면 | (티비에) 등장하게, 나는 냉장고를 두들긴다 (싫어서).(UC&P)

❸ The next singer | came | **on**.
다음 가수가 | 왔다 | 등장하여.

❸ Wayne Newton | came | **on** next.
뉴톤이 | 되었어 | (무대에) 등장하게 다음으로.(Ins376)

❸ Sam | came | **on** (Shelob).
샘이 | 들었어 | (괴물에) 달려.(2LR383)

❸ **On**⌟ he | came.
가까이 (공격해)⌟ 그가 | 왔어.(2LR302)

❸ The Prime Minister | has just come | **on** (the line).
수상이 | 방금 되었어요 | (선) 연결.(EPV) *전화했어요.

❸ He | is coming | **on**.
그는 | 오고 있다 | 가까이. *퍽 솜씨가 늘다; 꽤 세상 물정을 알게 되다.

[❸] He started [| to come | **on**], I felt disgusted and left.
그가 [가까이 와 치근거리기] 시작했다. 난 역겨워 자릴 떴지.(NQE)

기본형

❶ You | are **on**.   너 | (방영 / 등장) 차례야.(EJD)
❶ You | 're **on**.   넌 | 붙었다. 네 제의를 수락해(4HP551)
❶ | **On**, lad! **On**! | 전진, 애들아! 전진!(3LR311)
❶ All right, gentlemen, we | 're **on**.   자, 여러분, 우리 | 시작하지.(Ind98)
❶ He | 's almost always **on** (Thursday). (= is in a great mood)
그는 | (목요일이면) 거의 항상 기분이 고조된다.(Ins71)

(물건: 형체)

❸ The crops | are coming | **on** nicely.
곡식이 잘 익어가고 있다.

❸ A heavy rain | came | **on**.
큰 비가 | 오기 | 시작했다.(1Ki18:45)

❸ It | came | **on** [to rain].
[비오는 것이] | | 되었다 | 시작.

❸ Sleet | came | **on** after one o'clock.
진눈개비가 | 왔다 | 1시 후 조금씩 시작해.

기본형

❶ It | 's <u>on</u>.   그것이 | 시작이다.

(물건: 기능)

❸ Lights | came | **on** {and} cameras flashed.
불들이 | 오고 | 들어, 카메라 플래시가 터졌어.(Pt63:Fm416)

❸ The electricity | came | **on** again in a few minutes.
전기가 | 왔다 | 몇 분 후 다시 들어.

❸ The heat | comes | **on** (around midnight).
난방은 | 온다 | (자정은 돼야) 들어.(NQE)

기본형

❶ Lights | are still <u>on</u>.   불들이 | 아직 켜져 있다.
❶ Is the air conditioner | <u>on</u>?   에어컨 | 켜져 있니?

(관념 · 활동)

❸ The midnight news | came | **on**.
자정 뉴스가 | 되었다 | 방영.(Cl179)

❸ His favorite TV program | comes | **on** (at nine o'clock on Saturdays). 그가 좋아하는 티비 프로그램은 | 된다 | (토요일 9시) 방영.

[❸] I felt the sharp pain [| coming | **on** again]. My whole body was trembling.
나는 날카로운 고통을 [다시 옴] 을 느꼈어. 온몸이 떨렸다.(NQE)

[❸] I feel a cold [| coming | **on**].
나는 감기가 [걸리고 있는] 같아.

❸ Darkness | came | **on** (after seven).
어두움이 | 왔다 | (7시 후) 가까이.

기본형

❶ Macbeth | is **on**.　　맥베스가 | 상연되고 있어.
❶ Your spirit | is **on**.　　내 정신이 | 고조되어 있다.
❶ What else | is **on**?　　방송 뭐 | 하고 있지?(TS182)
❶ What'|s **on**?　　무슨 일이 | 있니?

(시간)

❸　Evening | was coming | **on**.
　　저녁이 | 오고 있었어 | 가까이.(Ho210)

❸　Night | is coming | **on**.
　　밤이 | 오고 있어 | 가까이.

기본형

❶ The evening | was **on**.　　저녁이 | 되었다.

out

(사람)

❸　The king says, "| Come | **out**!"
　　왕께서 나오라 하시느니라.(1Ki2:30,Da3:26)

❸　A lady | came | **out**.
　　한 숙녀가 | 왔어 | 나.

❸　She | came | **out** (at age 18 in New York City).
　　그녀는 | 되었다 | 데뷔하게 (19세에 뉴욕에서).

⟨❸⟩　A debutante ⟨ who | will be coming | **out** this season ⟩.
　　⟨ 이번 시즌에 처음 사교계에 진출할 ⟩ 소녀.

❸　She | eventually came | **out** {and} told us the entire story.　　그녀는 결국 감정을 드러내며 모든 것을 우리에게 말했다.(EID)

❼　She | always comes | **out** | well in photos.

그녀는 │ 항상 온다 │ 나 │ 잘 사진에서.

[대화]

A :   ❻ How are you │ coming │ **out** ‖ with my pictures?
      내 사진은 어떻게 돼가고 있나요?

B :   ❸ They │ came │ **out** nicely.
      잘 나왔습니다.(SMV)

기본형

❶ "│ **Out**!" roared Uncle Vernon.   "│ 나가라!", 버논 삼촌이 소리쳤어.(1HP36)
❶ I │ 'll be **out** (for a while).   나 │ (잠시) 나갔다 올게.
❶ Lauren, │ **Out** again?   로렌, │ 또 나왔구나?(TS50)
❶ She │ was **out** (to make money).   그녀는 │ 나가있어 (돈벌려고).

(신체)

❸   His chest │ came │ **out**.
    그의 가슴이 │ 졌다 │ 내밀어.

❸   A hand │ came │ **out**.
    손 하나가 │ 왔다 │ 나.(2LR196)

❸   Most of my baby teeth │ came │ **out** {when} I was five.
    나의 유아 치아 대부분이 │ 왔다 │ 나, 5살 때.

❸   His bowls │ came │ **out** (because of disease).
    그의 창자가 │ 나왔다 │ 빠져 (병으로).(2Ch21:19)

기본형

❶ His chest │ was **out**.   그의 가슴이 │ 내밀어졌다.
[❶] Gandalf was gazing up, [arms │ **out** {and} downwards]
    간달프는 위를 응시했다, [팔을 {뻗어 {서} 내린 채].(2LR222)
❶ My left arm │ is **out**.   내 왼팔은 │ 탈구되었어.

(물건; 형체)

❸ Now the sun | has come | **out**.
  이제 해가 | 왔어 | 나.

❸ The stars | came | **out** (one by one).
  별들이 | 왔다 | 나 (하나씩).

❸ His new book | has come | **out**.
  그의 새 책이 | 왔다 | 나.

❸ When did the new magazine | come | **out**?
  언제 그 새 잡지가 | 왔습니까 | 나?

❸ His new novel | will come | **out** next month.
  그의 새 소설이 | 올 것이다 | 나오게, 다음 달에.

❸ The new car models | have come | **out**.
  신형 차가 | 되었다 | 시중에 발표.

❸ The pictures | came | **out** nicely.
  그 사진들은 | 왔다 | 잘 나.

❸ This photograph | hasn't come | **out** very well.
  그 사진들은 | 않았다 | 잘 나오지.

❸ Many flowers | come | **out** in May.
  많은 꽃들은 | 온다 | 나, 5월에.

기본형

❶ The sun | is **out**.   해가 | (구름에서) 나왔어.
❶ When will your new book | be **out**?   새 저서는 | 언제 출판되니?
❶ The next one | will be **out** (in September).
  다음 호는 | 9월에 나올 것이다.(NW)
❶ The rose | 'll be **out** in a day or two.   그 장미는 | 하루 이틀이면 피어날 거야.

(관념 · 활동)

❸ Their exam results | came | **out**.
  그들의 시험결과가 | 나 | 왔어.(1HP265)

❸ When will the results of the exam | come | **out**?
  언제 그들 시험결과가 | 오니 | 나?

❸ The whole story | had come | **out**.
모든 사실이 | 되었어 | 밝혀지게.(2HP5)

❸ The truth | will come | **out**.
진실은 | 될 것이다 | 드러나게.(ECD971)

❸ Everything | came | **out** {just as} she had expected.
그녀가 기대한 대로 만사가 | 되었다 | 성취. ☞ 절

❸ The news | came | **out** (in his speech).
뉴스가 | 왔다 | 나 (그의 연설에서).

❸ The motive of the crime | will come | **out** (at the trial).
그 범죄의 동기는 | 될 것이다 | 밝혀지게 (재판에서). ☞ at~

❸ It | will come | **out** (all right in the end).
그건 | 될 것이다 | 나오게 (결국에는)

❸ The words | came | **out** (a little muffled).
말이 | 왔다 | 나 (약간 억제되어).(5HP664)

❸ Don't worry. It | will all come | **out** (right in the end).
걱정 마. 그건 | 될 거야 | 나오게 (밝혀지게) | 결국 옳은 것으로.

기본형

❶ The results of the Bar exam | are **out**.   변호사시험 결과가 | 발표났어.
❶ The secret | is **out**.   비밀이 | 탄로났어.
❶ The truth | is **out** at last.   드디어 사실이 | 밝혀졌다.

outside

(사람)

❸ | Come | **outside**!
| 나와라 | 바깥에.(SK)

기본형

❶ I | 'll be right **outside**.   난 | 바로 밖에 있을 게.(ECD97)

over

(사람)

③ I | 'll come | **over**.
내가 | 올 게 | 이리로 넘어.

③ | Come | **over** and have a drink.
| 와서 | 이리로 건너, 그리고 한 잔 마셔라.

[③] Let one of your young men [| come | **over** and get it].
한 소년을 [보내어 가져가게] 하소서.(1Sa26:22)

[③] I hope | Jane | will come | **over**].
나는 [제인이 우리 편이 됐으면] 좋겠다.(NQE)

③ Her parents | have come | **over** (from Canada to see her). 그녀 부모가 | 왔다 | 건너 (캐나다에서 그녀를 보려고)

[대화]

A : ③ Why don't you | come | **over** and meet my friends tonight? 오늘 밤에 와서 내 친구들을 만나볼래?

B: I'd love to, but I don't feel very well today.
그러고 싶지만 오늘 몸이 무척 안좋아.(TEPS)

기본형

❶ I | 'll be right **over**. 나 | 곧 이 쪽에 갈 게.(ECD762)
❶ Will you | be **over** on saturday? 너 | 여기 오겠니 (토요일)?
❶ Mark | will be **over** though. 마크가 | 이리 올 거야.
❶ Our friends | were **over** yesterday. 우리의 친구들이 | 어제 여기 와 있었다.

(사물)

③ The message | came | **over** clearly.
그 뜻은 | 되었다 | 분명히 전달.

> 기본형
>
> ❶ It | 's <u>over</u>, around, under and through.
> 그것은 넘겨서, 돌려서, 아래로 그리고 통과했어.

past

(사람)

❼ Mr. Weasley | came | clattering | **past**.
위즐리 씨는 | 왔어 | 통통걸음으로 | 지나.(4HP141)

> 기본형
>
> ❶ We should have waited {until} they | were **past**.
> 우리는 기다렸어야 했어, 그들이 | 지날 때까지.

through

(사람)

❸ | Coming | **through**, please.
| 갑니다 | 좀 통과해.

❸ Excuse me. | Coming | **through**.
실례해요. | 갈게요 | 지나.(Spe46)

❸ She | never comes | **through**.
그녀는 | 못해 | 절대 통과하지 (해내지).

❸ Champ | always comes | **through** (in the end).
챔피언은 | 항상 된다 | 통과 (끝에 가서).(Champ) *이기게 된다.

기본형

❶ He | was **through**.   그는 | 통과했어.(Ho89)
❶ I I've been **through** enough.   난 | 충분히 겪었어.
❶ You | are **through**.   (시험결과를 보고) 너 | 합격이야.

(물건)

❸ The sun | came | **through** after days of rain.
해가 | 왔다 | 통과해, 며칠 비가 온 뒤. *나오다.

❸ Did the fax | come | **through** yet?
이제 팩스 | 왔니 | 전송해?

기본형

❶ The fax | was **through**.   그 팩스가 | 전송되었다.

(관념 · 활동)

❸ A call | came | **through** < asking for help >.
[도움을 요청하는] 전화가 왔다. *< >은 call의 수식어

❸ I asked for their help, and they | came | **through**.
내가 그들의 도움을 요청했는(데) 그것들이 | 왔다 | 실행되어.

❸ If the load | comes | **through**, we can own the house.
우리는 융자가 | 되면 | 통과, 집을 살 수 있어.(NQE)

기본형

❶ The call | was **through**.   전화가 | 연결되었다 (끝났다).
❶ The application | was **through** and the apartment was mine.
그 신청이 | 통과되고 그 아파트는 내 것이 되었다.

to

(사람)

- ③ The fainting victim | came | **to**.
  기절한 피해자는 | 되었다 | 향하게. *의식이 돌아오게.
- ③ When did he | come | **to**?
  언제 그가 | 되었니 | 의식을 회복하게?
- ③ After a while she | came | **to** (herself).
  한참 후 그녀는 | 되었다 | (자신에) 향하게. *의식을 찾다.
- ③ When she | came | **to**, she found herself on the floor.
  그녀가 정신이 들었을 때, 자신이 마루에 누워있는 것을 발견했다.

기본형

❶ Is he | **to**?　　　　그는 | (의식에) 지향하니? *의식이 돌아왔니?

together

(사람)

- ③ | Come | **together**, all of you, and listen:
  | 오라 | 함께, 너희 다 모두, 들어라.(Isa48:14)
- ❼ When they | came | **together** | in Galilee,
  그들이 | 왔을 때 | 함께 | 갈릴리에,(Mt17:22)

기본형

❶ All the believers | were **together**.　믿는 사람이 | 다 함께 있었다.(Ac2:44)

(물건)

- ③ The pieces | came | **together**.
  부품들이 | 되었다 | 결합.

❸　The piece | are all coming | **together**.
　　모든 부분들을 취합해보니 말이 된다.

기본형

❶　The pieces | were **together**.　　부품들이 | 결합되어 있었다.

(관념 · 활동)

❸　It | didn't all come | **together**.
　　그건 | 오지 않아 | 함께. *전혀 이치에 맞지 않아.

❸　It | 's not coming | **together** (like he thought it would).
　　그건 (그가 원했던 대로) 되지 않고 있는 거란 말이야.

기본형

❶　Everything | was **together**. I thought [it | was **together**].
　　모든 것이 | 온전했다. 나는 [그것이 온전하다고] 생각했다.

under

(사람)

❸　Kneel down on the shore, be thirsty no more, | come | **under** and be purified.
　　해변에서 무릎 꿇고, 더 이상 갈급하지 말고, (하나님) 아래에 와서, 정결하게 되라.

기본형

❶　We | 're **under**.　　우린 | 아래 있어.

(동물)

❸　He | would come | **under** [to keep his long horns from

hitting me]. 그 (소) 는 | 오곤 했다 | 내려 [그의 긴 뿔이 나를 치지 않도록].

❸   At first, five deer | came | **under** and began to feed.
처음에는 다섯 사슴이 | 와서 | 내려, 풀을 뜯기 시작했다.

기본형

❶ The deers | were **under**.   사슴들이 | 아래 있었다.

u p

(사람)

❸   He | came | **up**.
그가 | 왔다 | 올라.

❸   She went down to the spring, filled her jar { and } | came | **up** again.
그녀가 우물에 내려가 물을 항아리에 채워 다시 올라오는지라.(Ge24:16)

❸   He | came | **up** { and } began to whisper into my ears.
그가 | 왔다 | 바짝 다가 { 그리고 } 귓속말을 하기 시작했다.(NQE)

기본형

❶ I | 'll be right **up**.   나는 | 곧 올라갈 거야.
❶ The citizens | are **up**.   시민들이 | 이리로 와.(R&J)

(신체)

❸   An arm | came | **up** (out of the water).
팔 하나가 | 나왔어 | 위로 (물 밖으로).(KA) ☞ out of~

기본형

❶ Their hands | were **up** (in the air).   그 (학생) 들 손이 | (높이) 들렸어.

(유체물)

❸ The sun | came | up.
해가 | 왔다 | 올라.(Mt13:6)

❸ The sun | has come | up.
해가 | 왔다 | 올라.

❸ The sun | was coming | up.
해가 | 오고 있었다 | 올라.

❸ It | came | up {and} yielded a crop.
싹이 | 되어 | 올라오게, 결실을 거두었다.(Lk8:8)

[❸] The tulips have begun [| to come | up].
튤립이 [싹이 올라오기] 시작했다.

❸ The second crop | was coming | up.
풀이 다시 움돋기 시작할 때에(Am7:1)

기본형

❶ The sun | is already up.   해가 | 이미 돋아 있어.
❶ The tulip | was up.   튤립(싹)이 | 났다.

(무체물)

❸ A furious squall | came | up.
큰 광풍이 | 왔다 | 일어나.(Mk4:37)

❸ The next day the south wind | came | up.
하루를 지난 후 남풍이 일어나므로.(Ac28:13)

기본형

❶ A storm | was up.   폭풍이 | 일어났다.

(관념 · 활동)

❸ Your name | came | up.
네 이름이 | 왔어 | 올라. *나오다.

❸ The question | never came | up.
질문이 | 되지 않았다 | 제기.

❸ The proposal | came | **up** last week.
그 제안은 | 되었다 | 상정 지난 주.

❸ Everything | will come | **up**.
모든 것이 | 될 거야 | (좋게) 나타나게.

❸ Something | 's come | **up**.
어떤 일이 | 되었다 | 생기게.

❸ I'll attend the meeting {unless} something important | comes | **up**.
나는 중요한 일이 생기지 않으면 회합에 참석하겠다.

❸ Your wedding | is coming | **up** pretty soon.
네 결혼식이 | 오고 있군 | 매우 빨리 다가.(DAC)

[대화 1]

A : ❸ Smith told me you haven't finished the project yet?
스미스가 그러는데 네가 그 프로젝트 아직 끝내지 못했다면서?

B : Yes, some unexpected problems | came | **up**.
응, 예상하지 못한 문제들이 생겼어.(TEPS)

[대화 2]

A : ❸ When is your interview | coming | **up**?
면접이 얼마 안 남았지?

B : Yes, the day after tomorrow.
응, 모레야.(TEPS)

기본형

❶ What | 's **up**? Nothing much. 무슨 일이 | 있니? 그저 그래.
❶ Is | something **up**? 무슨 일 | 일어났니?(UC&P)
❶ A party | is **up**. 파티가 | 열린다.
❶ Things | might be **up**. 사태가 | 호전되겠지.

within

(사람)

❸　　He | came | **within**.
　　　그가 | 왔다 | 안에.

기본형

❶　She | is **within**.　　　　그녀는 | 안에 있어.(R&J)

추 가 소 사　　　　　　　　　　　　　　　참고

aboard

(사람)

❸　　| Come | **aboard**, mate.
　　　| 오라 | 배 타러.(PM)

기본형

❶　All | **aboard**.　　　　여러분 | 타세요.

alongside

(사물)

❸　　The fish | came | **alongside**.

그 물고기는 | 왔다 | 옆을 따라.(O&S)

❸ All the ships of the sea and their sailors | came **alongside** (to trade for your wares).
바다의 모든 배와 사공들은 (네 가운데서 무역하기 위해) 연해 왔다.(Eze27:9)

기본형

❶ They (= the ships) | were **alongside**. 배들이 | 연해 있었다.

 참고

from above

(사람)

〈❸〉 The one 〈 who | comes | **from above** 〉 is above all;
〈 위로부터 오시는 〉 만물 위에 계시고(Jn3:31)

기본형

❶ You | 're from below. I | 'm **from above**.
너희들은 아래서 났고 나는 | 위에서 났으며,(Jn8:23)

back around

(사람)

❸ | Come | **on back around**.
| 오라 | 뒤로 돌아 이리로 (가까이).(DHV208)

PART 2 – 소사 77

기본형

❶ | On back around. | 뒤로 돌아 이리로.

from away

(사람)

❸ | | have come | **from** far **away**.
나는 | 왔다 | 매우 멀리서.(KA)

기본형

❶ He | was from far away. 그는 | 매우 멀리서 왔다.

from behind

(사람)

❸ We | came | **from behind** and beat them.
우리 팀이 | 와서 | 뒤에서 (역전승으로) 그들을 이겼다.(TEPS)

❸ The Bulls | came | **from behind** (to win the game).
불스가 (경기에서) 역전승을 거뒀다.(NQE)

❼ The Tigers | came | **from behind** | in the eighth inning. 타이거즈가 | 왔다 | 뒤에서 | 8회초에. *역전하다.

❼ The enemy | came | <u>down on</u> them | **from behind**.
적이 | 왔다 | 그들에게 습격하여 | 뒤에서. *역습하다.

기본형

❶ They | were from behind. 그들이 | 뒤에서 왔다.

up from behind

(사람 · 동물)

❸   Bob | came | **up from behind**.
    봅이 | 왔다 | 뒤에서 올라.

[❸] He worked so hard [| to come | **up from behind**].
    그는 [앞서나가기 위해] 무지 애썼다.(NQE)

❸   The cat | came | **up from behind** and ate the mouse.
    고양이가 | 와서 | 뒤에서 올라, 그 쥐를 잡아먹었다.(EID)

기본형

❶ He | was up from behind.   그는 | 뒤에서 올라 왔다.

from below

(에너지)

❸   His voice | came | up | **from below**.
    그의 목소리는 | 왔어 | 위로 | 아래로부터.(2LR240)

기본형

❶ The voice | was from below.   그 소리는 | 밑에서였다.

along in

(사람)

❸ | Come | **along in**.
    | 와요 | 안으로 따라.(Ho8)

PART 2 - 소사   79

기본형

❶ | <u>Along in</u>.　　　　　　　　| 안으로 따라와.

on in

(사람)

❸　| Come | **on in**!
　　오시오 | 가까이 들어!

❸　| Come | **on in** (for a moment) if you're not busy.
　　바쁘지 않으면 (잠깐) 가까이 들어오시오.

❸　Why don't you | come | **on in**?
　　너 | 가지 않을래 | 가까이 들어?(GG156)

기본형

❶ | <u>On in</u>!　　　　　　　　| 가까이 들라!

from inside(outside)

(사물)

❸　All these evils | come | **from inside** and make a man 'unclean.'
　　이 모든 악한 것이 다 속에서 나와서 사람을 더럽게 하느니라.(Mk7:23)

❸　It | is coming | **from outside**.
　　그것은 | 오고 있어 | 밖에서.(7FND68)

❸　We're pretty good {if} the threat | is coming | **from outside**. 위험이 외부에서라면 그런대로 괜찮아.(NW)

We're not so good {if} the threat | is coming | **from inside**. 위협이 내부에서라면 그렇게 좋지는 않아.(NW)

기본형

❶ It | is from inside (outside).   그건 | 안(밖)에서 초래되었다.

back on

(사물)

❸ The light | came | **back on**.
불이 | 되었어 | 다시 켜지게.(3HP84)

기본형

❶ The light | was back on.   불이 | 다시 켜졌다.

on and on

(사람)

❸ They | came | **on and on** and on.
그들은 | 왔어 | 계속해서.(3ESL205)

기본형

❶ They | were on and on.   그들은 | 계속했다.

back up

(사물)

❸   It | 'll come | right **back up**.
그 (먹은) 것이 | 올 것이다 | 바로 다시 올라.(GWW75)

기본형

❶ | <u>Back up</u>.　　　ⓐ | 뒤쪽 위로.(TC130)　ⓑ | 물러서!(DHV26)

on up

(사람)

❸   Hey, | come | **on up**! Enjoy the view!
야, | 와 | 이리 (가까이) 올라! 저 경치 좀 봐!(NQE)

기본형

❶ | <u>On up</u>!　　　　　　| 가까이 올라와!

PART 3
전치사구
preposition

about~....above~....across~....after~....against~....along~....among~....around~....as~....at~....back~....before~....between~....below~....beside~....between~....by~....down~....for~....from~....in~....inside~....into~....like~....of~....off~....on~....over~....out~....past~....through~....to~....toward(s)~....under~....up~....upon~....with~....within~....without~....near~....throughout~

about~

(pr + 사물)

❸ You│'ve come │ **about the orang-outang**, yes?
당신은 │ 왔지 │ 오랑우탄 때문에, 그렇지?(Murders in the Rue Morgue)

❼ Do the hares │ come │ **out** │ **about the corn**?
토끼들이 │ 오느냐 │ 나 │ 옥수수 밭 근처로? ☞ out about~

기본형

❶ I │ am **about** her safety.　　난 │ 그녀의 안전에 관심이 있다.
❶ He │ is **about** the house.　　그는 │ 집 근방에 있다.

above~

(pr + 사람)

❸ Water │ came │ **above my head**.
물이 │ 왔다 │ 내 머리 위로.

기본형

❶ Water │ was **above** my head.　물이 │ 내 머리 위에 있었다.

(pr + 사물)

❸ Data from the zone │ came │ **above expectations**.
그 영역의 데이터는 │ 되었다 │ 기대 이상이.

❸ Lyall and Mahoney │ came │ **above deck**.
리얄과 마호니는 │ 왔다 │ 갑판 위로.

기본형

❶ This | is above expectations.   이건 | 기대 이상이다.

across~

(pr + 사람·정신)

❸ I | came | **across** him (by chance one day last week).
나는 | 마주쳤어 | 그와 (우연히 지난 주 어느 날).

❸ A doubt | came | **across** my mind.
내 마음 속에 문득 의문이 스쳤다.

기본형

❶ I | was across him.   나는 | 그와 가로질러 있었다. *만나다
❶ A thought | was across his mind.   한 생각이 | 그의 마음에 가로질렀다. *떠오르다

(pr + 사물)

❷ I | 've never come ‖ **across** such a strange case.
나는 접해 (가로질러) 본 적이 없어 | 이같이 기이한 사건을.

❷ Researchers | have come ‖ **across** important new evidence.   연구자들이 | 되었다 ‖ (우연히) 중요한 새로운 증거를 발견하게.

❷ When you | come ‖ **across** a new word, look it up in your dictionary.
네가 | 되면 ‖ 새로운 단어를 접하게, 사전에서 찾아보라.

❺ I | came ‖ **across** that picture | in a little bookstore in Chongro.   나는 | 되었다 ‖ 저 그림을 접하게 | 종로의 한 작은 서점에서.

(pr + 장소)

❸ He | came | **across** the Atlantic (in a small sailboat).
그는 | 왔다 | 대서양을 건너 (작은 요트로).

기본형

❶ He | was <u>across</u> the Ford.   그는 | 그 여울을 건너있어.

after~

(pr + 사람)

❸ They | 'll come | **after** us.
그들은 | 올거야 | 우리를 추적해.(SK)

❸ She | 's coming | **after** me.
그녀는 | 오고 있어 | 내 뒤를 캐.(BI)

❸ The old man went out the door {and} the boy | came **after** him.   노인이 밖으로 나가{자} 소년이 | 왔다 | 그 뒤를 따라.(O&S28)

❸ Mr. Clinton | came | **after** Mr. Bush.
클린턴 씨는 | 왔다 (이었다) | 부시 씨의 뒤에.

❸ˌ **After Anne**ˌ comesˌ George I.
앤 여왕 다음에ˌ 온다ˌ 조지 1세가.

❸ˌ **After Ehud**ˌ cameˌ Shamgar son of Anath,
에훗의 후에 아낫의 아들 삼갈이 사사로 있어.(Jdg3:31)

❼ It | can't come | sneaking | **after** us no more.
그건 | 올 수 없어 | 살금살금 | 우리 뒤를 좇아, 더 이상.(2LR245)

기본형

❶ The police | are <u>after</u> the thief.   경찰은 | 도둑을 추적 중이야.
❶ John | 's <u>after</u> Susan.   존은 | 수잔 꽁무니 따라다녀.(ECD542)

(pr + 사물)

❸ Coffee | comes | **after** the meal.
커피가 | 나온다 | 식사 후.

❸ˌ **After the snow**ˌ cameˌ the frost.

눈 뒤에」 왔다」 서리가.(THP38)

❸」 **After the earthquake」** came」 a fire, but the LORD was not in the fire. And **after the fire」** came」 a gentle whisper.
또 지진 후에 불이 있으나 불 가운데에도 여호와께서 계시지 아니하며 불 후에 세미한 소리가 있는지라.(1Ki19:12)

[❼] I will get him [| to come | out | **after dolphin**].
내가 그를 [돌고래를 쫓아서 나가도록] 할게요.(O&S10)

기본형

❶ The best part | was **after** the meal. 최상의 것은 | 식사 후에 있었다.

(pr + 관념·활동)

❸ The number 3 | comes | **after** 2.
숫자 3은 | 온다 | 2 뒤에.(1ESLA10)

❸」 **After nine」** comes」 ten.
9 다음에」 온다」 10이.

❸ What day | comes | **after** tomorrow?
무슨 날이 | 오느냐 | 내일 후에.(ECD92)

기본형

❶ Ten | is **after** nine, and nine | is **after** eight.
10은 | 9 뒤, 9는 | 8 뒤이다.

against~

(pr + 사람)

❸ There King Arthur | came | **against** him.
아더 왕이 | 왔다 | 그를 대적하여.(KA35)

❸ Who | can come | **against** us?
누가 | 오리요 우리를 대적하여 치러(Jer21:13)

❸ May the foot of the proud | not come | **against me.**
교만한 자의 발이 내게 미치지 못한다.(Ps36:11)

❼ I | come | **against you** | in the name of the Lord Almighty),...
나는 | 왔다 | 너를 대적하여 | 전능자의 이름으로.(1Sa17:45)

기본형

❶ I | am against you.   나는 | 네 대적이라.(Jer21:13, Na2:13)
❶ If God is for us, who | can be against us?
하나님이 우리를 위하시면 누가 우리를 대적하리요.(Ro8:31)

along~

(pr + 장소)

❸ | Come | **along here.**
| 오라 | 여기를 따라.(DED)

❺ He | came ‖ to the sheep pens | **along the way;**
사울이 길가 양의 우리에 이른즉(1Sa24:3)

기본형

❶ He | was along the river.   그는 | 강을 연해 있었다.

among~

(pr + 사람)

❸ The king | was indeed come | **among them.**
왕이 | 정말로 왔다 | 그들과 함께.(3LR145)

❼ The subject | never came | up | **among us.**
그 화제는 | 된 적이 없다 | 제기 | 우리 사이에서는.

기본형

❶ Ginny | was <u>among</u> them.   지니가 | 그들 중에 있었다.(2HP77)
❶ Your seat | should be <u>among</u> them.
네 자리는 | 그들 가운데 있어야 해.(1LR304)

(pr + 장소)

❸ They | came | **among tall beech trees.**
그들은 | 왔다 | 키 큰 너도밤나무 숲 속으로.(CN349)

기본형

❶ She | was soon <u>among</u> the trees.   그녀는 | 곧 나무들 가운데 있었다.(CN384)

around~

(pr + 사람)

❸ They | came | **around him.**
그들이 | 왔다 | 그의 주위에.

기본형

❶ His team-mates | were <u>around</u> him.
그의 팀메이트들이 | 그를 둘러쌌다.(4HP103)

(pr + 물건 · 장소)

❸ | Come | **around front.**
| 오너라 | 앞으로 돌아서.

❸ During the night two porpoises | came | **around the**

boat. 밤중에 작은 돌고래 두 마리가 | 왔다 | 배 근처로 다가.(O&S58)

⑦ People | came | running | **around the corner**.
사람들이 | 왔다 | 달려 | 코너 주위로.(OHS76)

기본형

❶ He |'s **around the house** somewhere. 그는 | 집 주위 어디인가 있다.

a s ~

(pr + 사람)

❸. He | came only | **as a witness** to the light.
그는 | 왔다 오직 | 이 빛에 대한 증인으로.(Jn1:8)

❸ They | came | **as a group** to oppose Moses and Aaron.
그들이 | 왔다 | 떼를 지어, 모세와 아론을 거슬러.(Nu16:3)

⑦ Kerry | came | home | **as an angry vet**.
케리는 | 왔다 | 집에 | 화가 난 제대군인으로.

⑦ This fellow | came | here | **as an alien**, and now he wants to play the judge!
이 자가 | 와서 | 여기 | 이방인으로, 우리의 법관이 되려 한다.(Ge19:9)

⑦ They | came | out | **as one man**.
그들이 | 왔다 | 나 | 한 사람처럼.(Jdg20:1)

기본형

❶ He | is a vet. 그는 | 제대 군인이다.
❶ He | was an alien. 그는 | 이방인이었다.

(pr + 사물)

❸ Bill | came | **as something of surprise**.
빌은 | 왔다 | 놀람의 대상처럼.(4HP50)

❸   The plague | came | **as a result** of Peor.
     염병이 | 왔다 | 브올의 일로.(Nu25:18)

❸   It | came | **as a shock**.
     그것은 | 왔다 | 충격으로.

❻   His death | came | **as a surprise** ‖ to me.
     그의 죽음은 | 왔다 | 놀람으로 ‖ 내게. *죽었다는 소식에 놀랐다.

기본형

❶ He | was **as** rattling thunder.   그는 | 딜컹거리는 천둥 같았다.(A&C131)

a t ~

(pr + 사람)

❸   He | came | **at Sir Lancelot**.
     그는 | 왔어 | 란셀롯 경을 공격하여.(KA5)

[❸] Just let me [| come | **at you** (them)]!
     자 내가 [널 (그들) 과 상대해] 주지.

❸   A tiger | came | **at the hunter**.
     호랑이가 | 들었다 | 사냥꾼에게 덤벼.

❻   You try to help them {and} they | come | **at you** ‖ with a knife.   그들을 도와주려는{데} 그들이 | 온다 | 네게 공격해 ‖ 칼을 들고.(Zhi)

❻   Am I a dog, that you | come | **at me** | with sticks?
     네가 나를 개로 여기고 막대기를 가지고 내게 나아왔느냐(1Sa17:43)

❼   They | will come | **at you** | from one direction {but} flee from you in seven.
     그들이 | 올 것이다 | 너를 치러 | 길로, {그러나} 네 앞에서 일곱 길로 도망하리라.(Dt28:7)

❼   They | will come | out | **at me**.
     그들은 | 올 거야 | 밖으로 | 나를 공격하여.(KA)

기본형

❶ | At them, lads! | 그들을 잡아라, 얘들아.
❶ She | is at me again. | 그녀는 | 또 내게 집적거려 (잔소리해).
❶ Everyone | was at him now. | 모두가 | 그에게 달려들었다 이제는.(CN181)

(pr + 물건 · 관념)

❸   The cat | came | **at the mouse** and pounced on it.
       고양이가 | 들었다 | 쥐에게 달려, 그리고 덮쳐버렸다.(NQE)

❸   **What** are you | coming | **at** ∨?
       당신은 | 할 작정입니까 | 무엇을 (어떻게)? *∨ = what

❸   Used cars | come | **at a low price**.
       중고차는 | 온다 (살 수 있다) | 싼 값으로.

❻   This shirt | has come | apart ‖ **at the seams**.
       이 셔츠는 | 왔다 | 터져 ‖ 솔기 부분이.(EPV) ☞ apart at~

❼   I | came | **at an education** | through study.
       나는 | 되었다 | 교육에 접근하게 (교육받게) | 공부를 통해.

기본형

❶ What are | you | at ∨?   네 의도가 | 무엇이니? *∨ = what
❶ The vehicle | is at a low price.   그 차는 | 싼 값이다.
❶ He | is at school.   그는 | 수업중이다.

(pr + 장소)

❸   Revelations | comes | **at the end** of the Bible.
       계시록은 | 온다 | 성경 맨 뒤에.

❺   Absalom's men | came ‖ to the woman | **at the house**,...   압살롬의 종들이 그 집에 와서 그 여인에게,...(2Sa17:20)

❻   The motive of the crime | will come | out ‖ **at the trial**.
       그 범죄의 동기는 | 될 것이다 | 밝혀지게 ‖ 재판에서.

❻   The whole story | came | out ‖ **at the trial**.
       이야기 전모가 | 되다 | 알려지게 ‖ 법정에서.

❼   So Joshua and his whole army | came | against them

suddenly | **at the Waters of Merom** and attacked them.
여호수아와 모든 군사가 | 왔다 | 그들에게 습격하여 | 메롬 물가에서.(Jos11:7)

__기본형__

❶ The post office | is <u>at</u> the end of the road.   우체국은 | 이 길 끝에 있어.

(pr + 시간)

❸ The meeting | will come | **at 20 o'clock**.
회의는 | 열릴 것이다 | 두 시에.

❸ Now dawn | comes | **at 8 a.m.**
이제 동이 | 터온다 | 8시에.

❻ Dawn | comes | **at 5 a.m.** ‖ **in** June.
동이 | 디온다 | 5시에. ‖ 6월에는.

__기본형__

❶ It's before eight, dawn | is <u>at</u> 8:30.   지금 8시전이고, 동은 | 8:30이다.
❶ The meeting | is <u>at</u> 2 o'clock.   그 모임은 | 6시야.

back~

(pr + 장소)

❸ | Come | **back here**.
 | 와라 | 이 뒤로.(TS12)

❸ He | came | **back home**.
그는 | 왔다 | 집에.

__기본형__

❶ | <u>Back</u> here! | 이 뒤로!
❶ He | is <u>back</u> home.   그는 | 집에 돌아와 있어.

before~

(pr + 사람 · 조직)

- ❸ He | came | **before** Pharaoh.
    요셉이 | 왔다 | 바로 앞에. (Ge41:14)
- [❸] The judges remembered [that the accused | had come | **before them** previously].
    재판관들은 [피고인이 전에 법정 앞에 섰던 것을] 기억해냈다. (EPV)
- ❸ My claim | comes | **before** the court tomorrow morning.
    나의 청구 (소송) 는 | 온다 | 법정 앞에, 내일 오전. *재판이 있다.
- ❻ Worship the LORD with gladness; | come | **before** him ‖ with joyful songs.
    기쁨으로 여호와를 섬기며 노래하면서, | 오라 | 그 앞에 ‖ 즐거운 노래로. (Ps100:2)

기본형

- ❶ The accused | is **before** the court. 그 피의자는 | 법정 앞에 있다.
- ❶ The question | is **before** the committee at the moment.
    그 문제는 | 지금 위원회에 상정되어 있어.

(pr + 관념 · 활동)

- ❸ Your wife | comes | **before** your job.
    네 아내가 | 온다 | 일보다 먼저. *아내를 우선한다.
- ❸ The number 1 | comes | **before** 2.
    숫자 1은 | 온다 | 2 앞에. (1ESLA10)
- ❸ The Stone Age | came | **before** the Iron Age.
    석기 시대가 | 왔다 | 철기 시대 전에.
- ❸ But humility | comes | **before** honor.
    겸손은 | 온다 | 존귀의 앞에. (Pr18:12) *존귀의 선봉이다.

기본형

❶ My family | is <u>before</u> my job.   내 가족이 | 일보다 우선이다.
❶ Sunday | is <u>before</u> Monday.   일요일은 | 월요일 앞에 있다.

between~

(pr + 사람 · 신체)

❸   He | came | **behind** her.
      그는 | 왔다 | 그녀 뒤에.

❸   Your servant Jacob | is coming | **behind** us.
      당신의 종 야곱이 | 오고 있어요 | 우리 뒤에.(Ge32:20)

기본형

❶ He | was <u>behind</u> her.   그는 | 그녀 뒤에 있었다.

(pr + 장소)

❸   He | came | **behind** the cigar counter.
      그는 | 왔다 | 여송연판매대 뒤에.

기본형

❶ He | was <u>behind</u> the cigar counter.   그는 | 여송연판매대 뒤에 있었어.

below~

(pr + 장소)

❸ | Come | **below** here.
      | 와요 | 이 아래로.

기본형

❶ | <u>Below</u> here! | 이 아래로!

beside~

(pr + 사람)

❼ | Come | <u>over</u> here | **<u>beside</u> me.**
| 오라 | 이 너머로 | 내 곁에.(CN66)

기본형

❶ I |'ll be <u>beside</u> him.   난 | 그의 곁에 있을 거야.(3HP328)

between~

(pr + 사람)

❸ | Come | **between us.**
| 와줘요 | 우리사이에. *도와 줘요.(R&J)

〈❸〉 I'll kill anyone 〈 that | come | **between us** 〉.
난 〈 우리 둘 사이에 끼는 〉 사람은 누구든지 죽이겠어.(TC59)

❸ Nothing | can come | **between him and me.**
아무 것도 | 올 수 없다 | 나와 그 사이에.(NQE) *갈라놓을 수 없다.

❸ Peace | will come | **between them** in time.
평화가 | 올 거야 | 어느 때에 그들 사이에. *결국 화해가 이루어질 거야.

❸ Money | came | **between the married couple.**
돈이 | 왔다 | 부부 사이에. *부부 사이를 갈라놓았다.

❸ The pillar of cloud | was coming | **between the armies of Egypt and Israel.**

구름기둥이 | 오고 있었다 | 애굽 진과 이스라엘 진 사이.(Ex14:20)

[❸] He was accused of [| coming and going | **between** two countries].
그는 [두 나라 사이에서 간첩한 것] 으로 기소되었다.(TTC24)

기본형

❶ You | are still **between** girls, right?   너 | 아직 여자 친구 없지, 그렇지?
❶ It | is **between** us now.   그건 | 이제 우리 사이 문제(싸움)이야.(BH97)

(pr + 사물)

❸ The letter r | comes | **between** q and s.
r이라는 글자는 q와 s 사이에 온다.

❸ What month | comes | **between** May and July?
무슨 달이 | 오느냐 | 5월과 7월 사이에?(1ESLA111)

[❸] He never lets anything [| come | **between** himself and his work].   그는 [자신의 일에 다른 것이 끼이는 것을] 용납하지 않는다.

기본형

❶ The number 9 | is **between** 8 and 10.   숫자 9는 | 8과 10 사이에 있다.(1ESLA90)

b y ~

(pr + 사람 · 조직)

❸ ⌐Came┘ they | not | **by you**?
그들이 | 안 왔니 | 네 옆에?(JC218)

〈❸〉 the redemption 〈 that | came | **by Christ Jesus** 〉.
〈 예수 그리스도로 말미암아 오는 〉 구속.(Ro3:24)

❼ | Come | with me | **by yourselves** (‖ to a quiet place),
| 오라 | 나와 함께 | 너희 자신들만 ‖ 한적한 곳에.(Mk6:31) * ( ) 포함 ⓮형.

기본형

❶ Gollum | was **by** him.   골룸이 | 그의 곁에 있었다.(2LR267)
⟨❶⟩ the redemption ⟨ that | was **by** Christ Jesus ⟩.
　　　⟨ 예수 그리스도로 말미암은 ⟩ 구속.

(pr + 물건 · 장소; 교통수단)

❷　　Did you | come ‖ **by the expressway**?
　　　너는 | 왔니 ‖ 고속도로로?

❷　　He | came ‖ **by the highway**.
　　　그는 | 왔다 ‖ 고속도로로.

⟨❷⟩　**By the way** ⟨ that he | came ‖ ∨⟩ he will return;
　　　그는 ⟨ 그가 왔던 ⟩ 길로 | 그는 돌아갈 것이다.(Isa37:34)　*∨ = that = the way

❻　　I | came | here ‖ **by car**.
　　　나는 | 왔다 | 여기 ‖ 차로.

(pr + 물건 · 관념; 획득대상)

❷　　How did you | come ‖ **by this painting**?
　　　어떻게 넌 | 왔니 | 이 그림 옆에? *그림을 입수했니?

❷　　How did you | come ‖ **by this money**?
　　　어떻게 넌 | 왔니 | 돈 옆에? *돈을 벌었니?

❷　　How did you | come ‖ **by such a large sum of money**?
　　　어떻게 너는 그런 큰 돈을 손에 넣게 되었는가?

[❷]　**Good jobs** are hard [| to come ‖ **by** ∩].
　　　좋은 직업은 [얻기가] 어렵다.(TEPS)　*∩ = good jobs

[❷]　I don't know [how he | came ‖ **by such an idea**].
　　　나는 [그가 어떻게 그런 생각을 하게 되었는지] 알 수 없다.

(pr + 관념; 홀수형)

❸　　Therefore, the promise | comes | **by faith**,
　　　그러므로, 약속은 | 온다 | 믿음으로 말미암아.(Ro4:16)

기본형

❶ Promise | is **by** faith.   약속은 | 은혜로 말미암다.

(pr + 장소)

③ I | came | **by the field.**
나는 | 왔다 | 들을 따라서.

③ | Come | **by my room.**
| 오라 | 내 방에. *들러라.

③ She | came | **by my house** for a few minutes yesterday. 그녀는 | 들렀다 | 내 집에, 어제 잠시.

기본형

❶ She | is **by** the table.   그녀는 | 테이블 옆에 있어.(OUIA)
❶ Emma | was **by** the door.   엠마는 | 문 옆에 있었어.

down~

(pr + 물건 · 장소)

③ He | came | **down a peg.**
그는 | 되었다 | 코가 납작하게. *면목 잃다.

③ I | wouldn't come | **down a cent.**
난 | 내려갈 수 없다 | 한 푼도. 깎아 줄 수 없다.(ECD341)

③ She | came | **down the stairs.**
그녀는 | 왔다 | 계단을 내려.

③ She | never comes | **down here.**
그녀는 | 오지 않아 | 여기에 내려.(GT82)

③ Why have you | come | **down here?**
어찌하여 | 네가 | 왔느냐 | 이리로 내려?(1Sa17:28)

⑦ He | came | singing | **down the road.**
그는 | 왔다 | 노래하면서 | 길 아래로.

PART 3 - 전치사구   99

기본형

❶ Anybody | **down** here?   누구 | 이 아래쪽에 있니?(3HP328)
❶ She | was **down** the stairs.   그녀는 | 계단 아래 있었다.

for~

(pr + 사람)

❷ She | came ‖ **for** her children.
  엄마가 | 왔다 ‖ 아이들을 데리러.

❷ Dan | came ‖ **for** Judy at six.
  댄이 | 왔다 ‖ 주디를 영접하러 6시에.

❷ It's matter of time {before} the police | come ‖ **for** you.
  경찰이 널 연행하러오는 것은 시간 문제다.(EPV)

❷ He | put up his fists {and} came ‖ **for** me.
  그가 주먹을 쥐고{서} | 왔다 ‖ 날 공격해.

(pr + 관념 · 활동)

❸ The time | has come ‖ **for** my departure.
  때가 | 왔어 | 나의 떠남을 위하여.(2Ti4:6)

❹ He | came ‖ to me ‖ **for** help.
  그는 | 왔다 ‖ 내게 ‖ 도움을 구하러.

❹ No one | had come ‖ **to** the camp ‖ **for** the assembly.
  한 사람도 진에 이르러 총회에 참여하지 아니하였으니.(Jdg21:8)

❺ They | came | down **on** him ‖ **for** immediate payment.
  그들은 | 왔다 | 그에게 요구해 ‖ 즉시 지급을.

기본형

❶ The time | is **for** my departure.   내가 떠날 때이다.

from ~

(pr + 사람 · 조직)

- ❸ I | came | **from Lady Juliet.** 난 | 왔어 | 줄리엣이 보내.(R&J)
- ❸ They | come | **from a good family.**
  그들은 | 출신이다 | 좋은 가정.
- ❸ She | comes | **from a middle-class family.**
  그녀는 | 출신이다 | 중류 가정.
- ❸ A cry | came | **from the frightened child.**
  비명이 | 왔다 | 놀란 어린애에게서.
- ⟨❸⟩ A son ⟨ | coming | **from your own body** ⟩ will be your heir. 〈 네 몸에서 날 〉자가 네 후사가 되리라.(Ge15:4)
- ❸ Wealth and honor | come | **from you;**
  부와 귀가 | 오나 | 주께로부터(1Ch29:12)
- ❸ My help | comes | **from the LORD,** the Maker of heaven and earth. 나의 도움이 | 온다 | 천지를 지으신 여호와에게서(Ps21:2)
- ❻ The police | came | under attack ‖ **from the demon-strators.** 경찰이 | 되었다 | 공격받게 ‖ 시위대로부터.(NQE)

기본형

- ❶ It | 's <u>from</u> my parents. 그건 | 부모님으로부터 온 것이야.
- ❶ They | were <u>from</u> the clans of the descendants of Joseph.
  그들은 | 요셉 족속이었다.(Nu36:1)
- ❶ The cry | was <u>from</u> Harry. 비명이 | 해리에게서 났다.
- ❶ The first one (= owl) | was <u>from</u> the Ministry of Magic.
  첫 번 부엉이는 | 마법성에서 온 것이다.(5HP29)
- ❶ Where did it come from? Was it | <u>from</u> heaven or men?
  어디서 그것이 왔느냐? 그것이 | 하늘에서냐 사람에서냐?(Mt21:24)
- ❶ That guys | ain't <u>from</u> the fire department.
  그들은 | 소방서 사람들이 아니야.(DHV164).
- ❶ ⌐There was⌐ no help | <u>from</u> the police. 어떤 도움도 | 경찰로부터 없었다.

(pr + 신체)

❸   My apology | is coming | **from** the heart.
    내 사과는 | 우러나온 거야 | 마음으로부터.

❸   A scream | came | **from** the woman's mouth.
    비명이 | 왔다 | 그 여자의 입에서.

기본형

> ❶ My apology | was **from** the heart.   내 사과는 | 마음으로부터였다.
> ❶ The scream | came | **from** her own throat.   비명이 | 그녀 자신의 입에서였다.

(pr + 물건)

❸   A chicken | comes | **from** an egg.
    달걀이 부화해서 병아리가 된다.

❸   Oaks | come | **from** acorns.
    참나무는 | 싹이 난다 | 도토리에서.

❸   Melons | come | **from** a vine.
    멜론은 | 온다 | 포도나무에서.

❸   It | came straight | **from** the horse mouth.
    그것은 정통한 소식통에서 온 거야.

❸   The meat | came | **from** Canadian herds.
    그 육류는 | 왔다 | 캐나다 가축으로부터.   *캐나다 원산이다.

기본형

> ❶ Oaks | are **from** acorns.   참나무는 | 도토리가 씨앗이다.
> ❶ The chick | is **from** an egg (sent to us from his farm).
>   그 병아리는 | (그의 농장에서 보낸) 달걀에서 부화한 것이다.

(pr + 관념 · 활동)

❸   He | comes | **from** humble origins.
    그는 | 출신이다 | 가난한 가계.

❸   Understanding | comes | **from** experience.
    이해는 | 온다 | 경험에서.

❸ Illness | may come | **from** a poor diet.
   질병은 | 올 수 있다 | 잘 못 먹어서.

❸ Many English words | come | **from** Latin.
   많은 영어 단어가 | 왔다 | 라틴어에서.

❺ I | come ‖ by all these ideas | **from** my own experience.   나는 | 되었다 ‖ 이 아이디어를 얻게 | 경험에서.(NQE)

기본형

❶ The sickness | is from a poor diet.   그 병은 | 영양부족에서 온 것이다.
❶ This word | is from German.   이 단어는 | 독일어에서 유래했다.
❶ It | came straight | from the horse mouth.   그것은 | 정통한 소식통에서 온 거야.

(pr + 장소)

❸ He | comes | **from there**.
   그는 거기 출신이다. *현재형에 유의

❸ **Where** have you | come | **from** ∨?
   당신은 | 오셨습니까 | 어디서? *∨ = Where

❸ Can anything good | come | **from there**?
   어떤 좋은 것이 | 오겠니 | 거기서부터?(Jn1:46)

[❸] They saw a caravan of Ishmaelites [| coming | **from Gilead**].   눈을 들어 본즉 한 떼 이스마엘 족속이 [길르앗에서 오는데].(Ge37:25)

❸ I lift up my eyes to the hills? **where** does my help come | **from** ∨?
   내가 산을 향하여 눈을 들리라– 나의 도움이 | 올꼬 | 어디서.(Ps121:1) *∨ = where

「❻ Yet the people | still came ‖ to him | **from everywhere**.
   사람들이 | 아직 왔다 ‖ 그에게 「사방에서.(Mk1:45)

❼ Her parents | have come | over | **from** Canada (to see her).   그녀 부모는 | 왔다 | 건너 ‖ 카나다에서 (그녀 만나러).

❼ The people | came | running | **from** all directions.
   사람들이 | 왔다 | 달려서 | 모든 방향에서.(Ac21:30)

[대화]

A : ❸ **Where** do you | come | **from** ∨?
　　당신은 어디 출신이에요? *∨ = Where

B : ❶ I | am **from** Seoul.
　　나는 | 서울 출신이에요.

기본형

❶ Where are? you | **from** ∨?　　당신은 | 어디서 오셨어요?
❶ I | was **from** work.　　나는 | 직장에서 돌아왔다.
❶ Philip | was **from** the town of Bethsida.
　　빌립은 | 벳사이다 출신이다.(Jn1:44)
❶ This time they were | **from** all directions.
　　이번에는 그들은 | 모든 방향에서였다.
❶ The only light | was **from** the windows.
　　오로지 빛은 | 그 창문으로부터였다.

Joke / Exhaustion

Patient : Doctor, I'm very worried. I'm still suffering from exhaustion and fatigue ❸ when I | come | home | **from** work every evening.
　　의사 선생님, 나는 매우 걱정돼요. 내가 매일 저녁 직장에서 집에 돌아올 때 여전히 피로로 고통을 받아요.

Doctor : Oh, that's nothing to worry about. Just have a few drinks before your dinner- that will soon wake you up.
　　걱정할 것 없어요. 저녁 전 술을 좀 마시면 곧 기분이 좋아질 거요.

Patient : Thanks very much, doctor! But when I consulted you before, you told me to cut out drinking alcohol completely.

고마워요 선생님. 그러나 전에는 알콜을 완전히 끊으라고 하셨잖아요.

Doctor : Yes, so I did. But that was last week, old chap- and medical science has progressed enormously since then.
그랬죠. 지난 주였지요. 그러나 그후로 의학이 굉장히 발전했거던요.

(pr + 시간)

❻   The legend | has come | down (to us) ‖ **from the time of King Alfred.**
그 전설은 | 왔다 | 내려 | 알프레드 왕 때부터.

⟨❻⟩   Customs ⟨ that | come | down ‖ **from colonial times** ⟩.
⟨ 식민지 시대에서부터 전통으로 내려온 ⟩ 관습

in ~

(pr + 신체 · 정신)

❸   Tears | came | **in his eyes**.
눈물이 | 나왔다 | 그의 눈에.(CN83)

❸   A lump | came | **in his throat**.
덩어리가 | 생긴 것 같았다 | 목 안에.(CN83) *목이 메다

❸   Land | came | **in sight**.
육지가 | 왔다 | 시야에 들어. * 보이다.

기본형

❶ There were⌋ big tears | **in his eyes**. 큰 눈물방울이 | 그의 눈 안에 있었다.(CC49)
[❶] I feel as [if something | were **in my throat**].
난 [목에 뭔가 걸린 것] 같아요.(ECD311)
❶ Land | was **in sight**.   육지가 | 보였다.

(pr + 물건)

❸ This soup | comes | **in a can.**
이 수프는 | 나온다 | 깡통에 넣어져.

❸ The shadows | came {and} went | **in the firelight.**
불빛에 그림자가 나타났다 사라졌다 하였다 (EJD)

⁶ They | come ‖ to you 「**in sheep's clothing,**
그들은 | 온다 ‖ 네게 「양의 탈을 쓰고(Mt7:15)

❼ She | always comes | **out** well | **in photos.**
그녀는 | 항상 온다 | 잘 나 | 사진에.

❼ | Please come | **in** | **in your shoes.**
| 와요 | 들어 | 신을 신은 채.

기본형

❶ This soup | is **in a can.**   이 수프는 | 깡통에 들어 있다.
❶ Are you | **in the photo?**   너는 | 사진에 찍혀 있니?
❶ I |'m just **in my tennis!**   나는 | 테니스화만 신고 있어.

(pr + 규격·수량)

❸ This dress | comes | **in four sizes.**
이 옷은 4가지 사이즈가 (팔리고) 있다.(EJD)

❸ That suit | comes | **in many sizes.**
그 옷들은 | 되어 있다 | 다양한 사이즈로.

❸ This raincoat | comes | **in all sizes.**
이 레인코트는 온갖 사이즈가 있습니다.(EJD)

❸ These shoes | come | **in three colors.**
이 구두는 | 가용하다 | 세 가지 색깔이.

❸ This model | also comes | **in red.**
이 모델은 | 나온다 | 빨간색으로도.

⟨❸⟩ Luck is a thing ⟨ that | comes | **in many forms** ⟩.
행운은 ⟨ 여러 가지 형태로 오는 ⟩ 것이다.(O&S)

❻ They | came | **in even larger numbers** ‖ to the place.
그들은 | 왔다 | 거대한 숫자로 ‖ 그 장소에.(Ac28:23)

기본형

❶ Bowls and pots | are in many sizes and shapes.
사발과 냄비들은 | 다양한 치수와 형태가 있다.

❶ They | are in larger numbers. 그들은 | 숫자가 많았다.

(pr + 관념 · 활동)

❸ I | come | **in peace** (for all mankind).
나는 | 왔어 | 평화롭게 (인류를 위해).(Te259

❸ Have you | come | **in peace**?
당신은 | 왔습니까 | 평화롭게?(2Ki9:18)

❸ Many | will come | **in my name**.
많은 사람이 내 이름으로 와서.(Mt24:5)

❻ The news | came | out ‖ in his speech.
뉴스가 | 왔다 | 나 ‖ 그의 연설에서.(EJD)

「❻ If you | have come ‖ to me 「**in peace**.
만일 너희가 내게 평화로이 왔다면.(1Ch12:17)

「❻ God | came | to Laban the Aramean 「**in a dream** at night. 밤에 하나님이 아람 사람 라반에게 현몽하여.(Ge31:24)

❼ The Spirit of the Lord | came | upon him | **in power**.
여호와의 신이 | 임하였다 | 삼손에게 | 크게.(Jdg14:19)

❼ Barak | came | by | **in pursuit** of Sisera,
바락이 시스라를 따를 때에.(Jdg4:22)

❼ For where two or three | come | together | **in my name**, there am I with them.
두 세 사람이 내 이름으로 있는 곳에는 나도 그들 중에 있느니라.(Mt18:20)

❼ A crowd | came | together | **in bewilderment**.
큰 무리가 | 왔다 | 함께 | 소동하며.(Ac2:6)

기본형

- ❶ She | was **in** peace.   그녀는 | 평안했다.
- ❶ Yes, | **in** peace;   에, 평화롭게(1Sa16:5)
- ❶ The cops | were **in** pursuit of an ex con.   경찰이 | 한 전과자를 찾고 있다.
- ❶ We | have been **in** your power.   우리는 | 네 통제 안에 있었다.(2LR276)
- ❶ He | was **in** the name of Roberts NOT Owen.
  그는 | 오웬이 아닌 로버트의 명의로 있었다.
- ❶ The crowd | was **in** bewilderment.   군중은 | 혼란에 빠졌다.

(pr + 장소)

- ❸ | Come | **in here**. | 와라 | 이 안에.(Papi)
- ❸   This | just came | **in Busan**.
  이것이 | 방금 들어왔다 | 부산에.
- ❼ | Don't come | back | **in here**.
  | 오지 마라 | 돌아 | 이 안으로.(SK)

기본형

- ❶ He | is not **in** here.   그는 | 여기에 없어.(RAD)
- ❶ He | is **in** Dothan.   엘리사가 | 도단에 있나이다.(2Ki6:13)

(pr + 시간)

- ❷   The men 〈 whose names were listed 〉| came ‖ **in the days** of Hezekiah king of Judah.
  녹명된 자가 유다 왕 히스기아 때에 가서.(1Ch4:41)
- ❸   This oracle | came | **in the year** King Ahaz died:
  이 경고는 | 왔다 | 아하스왕의 죽던 해에.(Isa14:28)
- ❻   Dawn | comes | early ‖ **in July**.
  새벽이 | 온다 | 일찍 ‖ 7월에는.

기본형

- ❶ The battle | was **in** the year 1190.   그 전투는 | 1190년에 있었다.

inside~

(pr + 사물)

❼ Lamps | came | on | **inside** the carriage.
등불이 | 되었다 | 켜지게 | 열차 안에.(5HP185)

기본형

❶ There's」a barrel | <u>inside</u> there.   통 한 개가 | 그 안에 있다.(1LR181)

into~

(pr + 사람·정신)

❷ Then the Spirit | came ‖ **into** me and raised me to my feet. 주의 신이 내게 임하사 나를 일으켜 세우시고.(Eze3:24)

❷ On that day thoughts | will come ‖ **into** your mind.
그 날에 네 마음에서 여러 가지 생각이 나서.(Eze38:10)

(pr + 관념·활동)

❸ Artillery | came | **into** action.
대포가 | 되었다 | 작동하게.

❸ The ship | came | **into** action.
배가 | 되었다 | 움직이게.

❸ Mary | came | **into** a large fortune.
메어리는 | 되었다 | 큰 행운을 얻게.

❸ She | came | **into** a fortune (on her 21st birthday).
그녀는 | 되었다 | 행운을 얻게 (21살 생일에).

❸ The concert pianist | has at last come | **into** his own.
그 콘서트 피아니스트는 | 결국 되었다 | 명성을 얻게.

❸ The opposition party | came | **into** power.
야당이 | 되었다 | 집권하게.(NQE)

❸ Your procession | has come | **into** view, O God.
하나님이여 저희가 주의 행차하심을 보았으니.(Ps68:24)

❼ They | had not yet come | **into** an inheritance | among the tribes of Israel.
그들이 이스라엘 지파 중에서 기업의 땅 분배함을 받지 못하였음이라.(Jdg18:1)

기본형

❶ I | was **into** fortune.　　　　　난 | 행운을 만났다.
❶ It | was **into** action.　　　　　그것은 | 작동하기 시작했다.
❶ I | am **into** business.　　　　　난 | 사업에 종사해.
❶ He | was **into** his own business.　그는 | 그 자신의 사업에 종사했다.
❶ The first mile marker | was **into** view.　첫 마일 표시가 | 시야에 들어왔다.

(pr + 장소)

❷ He | came ‖ **into** the room.
그가 | 왔다 ‖ 방에 들어.

❷ Jesus | came ‖ **into** his own town.
예수는 | 왔다 ‖ 그의 고향에 들어.(Mt9:1)

❷ Then a man | came ‖ **into** the hall.
그러자 한 남자가 | 왔다 ‖ 홀 안에 들어.(KA)

❷ The true light | was coming ‖ **into** the world.
참빛이 | 오고 있었다 ‖ 세상 안에.(Jn1:9)

❻ | Come | with me ‖ **into** my castle.
| 오라 | 나와 함께 ‖ 나의 성 안에.(KA25)

❻ The train | came | puffing ‖ **into** the station.
기차가 | 왔다 ‖ 수증기를 내 뿜으면서 ‖ 역에 들어.

[대화]

A : ❷ Tom, can you | come ‖ **into** my office, please?
톰, 내 사무실로 좀 갈래?

B : Why can't we talk here?
여기서 말하면 안되니?(TEPS)

like~

(pr + 사람)

⑦ You | sometimes come | across | **like a maniac.**
너 | 어떤 때는 돼 | 알려지게 | 미친 자 같이.(NQE) ☞ across

⑦ Poverty | will come | on you | **like a bandit.**
가난이 | 올 거야 | 네게 (덮쳐) | 도적처럼.(Pr6:11,24:34)

기본형

❶ You |'re just like a little baby.   너는 | 꼭 아기처럼 굴어.

of~

(pr + 사람·조직)

❸ He | comes | **of a good family.**
그는 | 태어 났다 | 명문가에서.

〈❸〉 He knew already all things 〈 that | would come | **of them** 〉? 그는 〈 그들에게 일어날 〉 모든 일을 미리 알았다.(CN620)

기본형

❶ He | was of ancient Huguenoet family.
그는 | 전통있는 유그노 교도 집안 출신이었다.(Poe32)
❶ What | will be of him?   그는 | 어떻게 될지?

PART 3 - 전치사구   111

(pr + 관념 · 활동; 가계)

❸   He | comes | **of a royal line.**
    그는 | 태어났다 | 왕족으로.

❸   He | comes | **of a good stock.**
    그는 | 왔다 | 명문에서.

기본형

> ❶ We | are not **of the line** of Elendi.
>   우리 가문은 | 엘렌디 혈통은 아니야.(2LR312)
>
> ❶ He | is **of a good stock.**   그는 | 명문 출신이다.

(pr + 관념 · 활동; 불복종)

❸   This | comes | **of disobedience.**
    이것은 불복종의 결과이다.

❸   No good | comes | **of dishonesty.**
    부정직한 행위는 좋지 못한 결과를 가져온다.

기본형

> ❶ Adam's sin | was **of disobedience.**   아담의 죄는 | 불복종이었다.

(pr + 관념 · 활동; 계획)

❸   What | ever came | **of your plans** ⟨ to go to India ⟩?
    무엇이 (어떻게) | 되었니 |⟨ 인도로 가는 ⟩ 네 계획은?

❸   Can anything good | come | **of this plan?**
    이 계획으로 무슨 좋은 일이 생길 것 같아?(NQE)

❸   Nothing | came | **of his grandiose plans.**
    아무 것도 | 오지 않았어 | 그의 거창한 계획에서.

[❸]   I fear [that nothing | will come | **of this experiment**].
    [이 실험에서 아무런 결과도 나오지 않는 게 아닐지] 걱정된다.(EPV)

기본형

❶ The idea | was **of his suggestion**. 그 아이디어는 | 그의 제안이다.
❶ If their purpose or activity | is **of human origin**, it will fail.
이 사상과 소생이 사람에게서 났으면 무너질 것이요.(Ac5:38)

(pr + 관념 · 활동: 잘못의 원인)

❸ But much evil | came | **of their rashness** (in the end).
그러나 크나큰 재앙이 | 왔다 | 그들의 성급함에서 (결국).(CN679)
❸ This mess | comes | **of your carelessness**.
이 혼란은 | 초래했다 | 네 부주의에서.

기본형

❶ The entire mess | was **of Congressmen's own making**.
모든 혼란은 | 국회의원들 스스로 만든 것이다.

(pr + 관념 · 활동: 뉴스대상)

❸ News | comes | **of more deaths**.
뉴스가 | 온다 | 더 많은 사망에 관해.(4HP457)
❼ News | came | in | **of the massacre** in Rwanda.
뉴스가 | 왔다 | 들어 | 르완다의 학살에 대해.

기본형

❶ Most of this news | was **of the police-blotter variety**.
이 뉴스의 대부분은 | 경찰의 체포자 명부에 관한 것이었다.

(pr + 관념 · 활동: 대명사)

❸ No good | can come | **of this**.
아무 좋은 것도 | 오지 않아 | 여기에서.
❸ What | will come | **of that**?
무엇이 (어떻게) | 되었니 | 그것에서?(2LR257)

❸   Nothing good | will come | **of** this.
아무 좋은 것도 | 오지 않을 거야 | 이것에서.

[❸]   See [what | comes | **of** it].
[그 결과가 어떻게 되는지] 봐라.

[❸]   Then we'll see [what | comes | **of** his dreams].
[그 꿈이 어떻게 되는지] 우리가 볼 것이니라.(Ge37:20)

기본형

❶ What | will be **of** that?   무엇이 | 그것에서 될지?

(pr + 시간)

❸   I|'ll come | **of age** next year too...
나도 | 될 거야 | 성년이 내년에...(6HP390)

기본형

❶ He | is **of** age.   그는 | 성년이다.(Jn9:23,5HP90)

off ~

(pr + 신체)

❼   Lavender Brown's head | came | up | **off** her arms.
라벤더 브라운의 머리는 | 되었다 | 들리게 | 팔에서 떨어져.(2HP149)

기본형

❶ Her head | was **off** her arms.   그녀 머리는 | 팔에서 떨어졌다.

(pr + 물건)

❸   He | came | **off his bicycle** {and} hurt his leg.
그는 | 되었다 | 자전거에서 떨어지게, 다리를 다쳤다.

❸   One of the buttons | has come | **off my jacket**.
단추 하나가 | 되었다 | 재킷에서 떨어지게.

[❸] **Heroin** is a very difficult drug [| to come | **off** ∩].
[헤로인은 끊기가] 아주 어려운 마약이다.(EPV) *∩ = heroin

기본형

❶ He | was off his bicycle. 그는 | 자전거에서 떨어졌다.
❶ Half the buttons | are off my shirt. 단추가 반이나 | 셔츠에서 떨어졌어.
❶ He | is off drug. 그는 | 약을 끊었다.

(pr + 관념·활동)

❸ | Come | **off it**.
 | 져라 | 그것에서 떨어.(2HP)
* ⓐ (경멸적으로) 어리석은 (객적은) 소리 그만둬. ⓑ 마음대로 해.

❸ | Come | **off it**, Tom. Who will believe such a story?
그만둬라, 톰. 누가 그런 소릴 믿겠니?

❸   I | 've just come | **off patrol duty**.
난 | 방금 되었다 | 순찰임무에서 벗어나게.(2HP286)

[대화]

A :   I was at the library studying all night.
나는 공부하느라 밤새 도서관에 있었어.

B :   ❸ Come | **off it**! I can smell the beer on your breath.
웃기는 소리! 네가 숨쉴 때 맥주 냄새가 나는데.(EID)

기본형

❶ You | are off course. 넌 | (말이) 빗나가고 있다.
❶ We | are off duty (at 5 p. m.). 우리는 | 일이 끝나 (5시에).

(pr + 장소)

❸ The paint | came | **off** the wall.
페인트가 | 되었다 | 벽에서 떨어지게.

❸ A tile | has come | **off** the bathroom wall.
타일 한 장이 | 되었다 | 욕탕 벽에서 떨어지게.

기본형

❶ Some of Picasso's paintings | are really **off** the wall.
피카소의 그림 몇 작품은 | 정말로 이상하다.(EID)

on ~

(pr + 사람)

❸ If you | come | **on him**, spare him.
네가 그를 잡게 되면 목숨은 살려줘라.(2LR297)

❸ When the Holy Spirit | comes | **on you**,
성령이 네게 임하게 되면,(Ac1:7)

❸ A great sleep | came | **on them**.
무거운 잠이 | 왔다 | 그들에게. (KA30)

❸ His wrath | will come | **on you**.
진노가 | 임할 것이다 | 네게.(2Ch19:10)

기본형

❶ He | was **on her** in an instant.   그는 | 순식간에 그녀를 덮쳤다.(VR39)
❶ The Spirit of the Lord | is **on me**.
주의 성령이 | 내게 임하셨다.(Lk4:18)
❶ A curse | be **on him**.   저주가 | 그에게 (있기를).

(pr + 신체)

❸   I│'m coming │ **on foot**.
    난 │ 올 거야 │ 걸어서.(ECD266)

❸   │ Come │ **on hand**. Please come on.
    │ 오너라 │ 손 가까이. 자, 가까이 와.(O&S76)

기본형

❶ Are you │ **on** foot? (= Do you walk?)   너 │ 걸어 다니니?

(pr + 물건 · 관념)

❸   A beautiful lady │ came │ **on a black horse**.
    한 아름다운 부인이 │ 왔다 │ 흑마를 타고.(KA12)

[❸] I heard [that you │ came │ **on your old flame** (downtown yesterday)].
    난 [네가 (시내에서 어제) 옛사랑을 만났다고] 들었다.(NQE)

❸   A new voice │ came │ **on the circuit**.
    새 목소리가 │ 왔다 │ 회로에서.(RSR210)

❼   Galdor │ had come │ **on errand** │ from Cirdan.
    갈도는 │ 왔어 │ 심부름으로 │ 써단에서.(1LR267)

기본형

❶ You│'re **on** your brother's horse today.   넌 │ 형의 말을 타고 있구나 오늘.(SM26)
❶ What's **on** that tape?   테입에 │ 무엇이 들었니.(DG75)
❶ We│'re **on** a mission.   우리는 │ 임무수행 중이야.

(pr + 장소)

❸   There came a knock │ **on the door**.
    노크가 │ 있었어 │ 문에.(1LR267)

❸   A lot of new houses │ should be coming │ **on the market** soon.   많은 신축 가옥들이 │ 될 것이다 │ 곧 시장에 나오게.(EPV)

❸   I │ came │ **on a music store** that sells lots of heavy

metal CD's.
난 | 되었다 | 〈 헤비메탈 CD를 많이 파는 〉 음반 가게를 찾게.(NQE)

❸ And after the seven days the floodwaters | came | **on the earth.** 칠 일 후에 홍수가 | 왔다 | 땅에 덮여.(Ge7:10)

[❸] For forty days the flood kept [| coming | **on the earth**], 사십일 동안 홍수가 [땅에 와 있었는지]라.(Ge7:17)

「❻ ...the ark | came | to rest 「**on the mountains** of Ararat. ... 방주가 | 되었다 ‖ 머물게 「아라랏 산에.(Ge8:4)

「❻ Our inheritance | has come ‖ to us 「**on the east side** of the Jordan. 우리는 요단 동편에 기업을 얻었으니.(Nu32:19)

「❻ | Come ‖ up to me 「**on the mountain.** | 오라 ‖ 내게로 나아 「산에 올라.(Dt10:1)

❼ My bag | didn't come | out | **on the conveyer belt.** 내 가방이 | 오지 않았어요 | 나 | 컨베여 벨트에.

기본형

❶ | There was」 a loud pounding | **on the door.** 크게 쿵쿵치는 소리가 | 문에 있었다.(SPS)

❶ The house | has been **on the market** for two months. 그 집은 | 팔려고 내놓은 지 2개월이 됐어.(ECD581)

❶ They | were **on the beach.** 그들은 | 해변에 있었다.

❶ Oh, man! A chase car | is **on our track.** 오, 이런! 순찰차가 | 따라오고 있어.(GG)

(pr + 시간)

❸ Christmas | came | **on a Monday** that year.
그해의 크리스마스는 월요일이었다.

기본형

❶ It | was **on Monday.** 그날은 | 월요일이었어.(1LR190)

over~

(pr + 사람)

❸ Such feelings | often came | **over me**.
그런 감정이 | 종종 온다 | 내게.(Pops)

❸ Terrors | will come | **over him**;
두려움이 | 되리라 | 그에게 임하게(Job20:25)

❸ A fit of chilliness | came | **over me**.
갑자기 한기가 | 왔다 | 나를 덮어. *느껴졌다.

[❸] I don't know [what | came | **over you**].
나는 몰라 [네게 무슨 일이 일어났는지].(1LR36)

❸ A thick and dreadful darkness | came | **over him**.
짙고 무서운 캄캄함이 | 임했다 | 그 위에.(Ge15:12)

기본형

❶ Now it had got cold, and a sensation of chilliness | was **over** me.
이제 추워졌고, 한기의 느낌이 | 나를 덮었다.

❶ What |'s **over** you?   무엇이 | 날 덮었니 (일어났니)?

(pr + 신체; face)

❸ A look of content | came | **over his face**.
만족하는 표정이 | 왔다 | 그의 얼굴 위에.(NQE)

❸ A defiant and obstinate look | came | **over his face**.
저항하고 완고한 표정이 | 되었다 | 그의 얼굴에 떠오르게.(4HP612)

기본형

❶ A shadow of sorrow | was **over** her face.
슬픔의 그림자가 | 그녀 얼굴에 드리웠다.

(pr + 장소)

❸ | Come | **over here**.

| 와라 | 이리로 (이 위로).(HRO459,Ru2:14)

③ | Come | **over here** a moment.
| 오시오 | 이리로 잠깐.

③ Darkness | came | **over** the whole land.
어두움이 | 되었다 | 온 땅에 어두움이 임하게,(Lk23:44,Mt27:45)

③ The moon | came | **over** the horizon.
달이 | 왔다 | 지평선 위로.

기본형

❶ Help! | Over here.   도와줘! | 이 너머야.(Page)
❶ I | am over here.   나 | 이 너머 (여기) 있어.(ECD489)
❶ Darkness | was over the surface of the deep.   흑암이 | 깊음 위에 있고.(Ge1:2)
❶ They | were over the Hogwarts grounds.   그들은 | 호그와트 정원 위에 떠 있다.

o u t ~

(pr + 신체 · 관념)

③ Even the handle sank in after the blade, which | came | **out his back**.
칼자루도 날을 따라 들어가서 그 끝이 등 뒤까지 나갔고.(Jdg3:22)

③ Loyalty | comes | **out top of the list**.
의리가 | 온다 | 리스트의 최상단에.(NQE) *의리가 최고다.

기본형

❶ Right now, safety | is out top priority.   지금 당장은, 안전이 | 최우선이다.
❶ The proposal | was out my mouth.   그 제안이 | 입 밖에 나왔다.

past~

(pr + 사람)

❼ One of the Buldgers | came | streaking | **past Harry's right ear.**
불저 하나가 | 왔다 | 달려 | 해리의 오른쪽 귀를 지나.(3HP308)

기본형

❶ We | were past them.   우리는 | 그들을 지났다.

(pr + 장소)

❸」 Over the hill {and} **past the tavern」** came」 the soldiers!
언덕 너머 {그리고} 주막을 지나」 왔어」 병정들이! (6ESL205)

기본형

❶ We |'re way • past the roadblocks.   우리는 | 도로차단물을 훨씬 지났어.(R&L)

through~

(pr + 사람: 짝수형)

❷ The word of the LORD | came ∥ **through the prophet Jehu.** 여호와의 말씀이 | 되었다 ∥ 선지자 예후에게 임하게(1Ki16:7)

❹ And glory | has come ∥ to me ∥ **through them.**
영광이 | 왔다 ∥ 내게 ∥ 저희로 말미암아(Jn17:10)

(pr + 사람: 홀수형)

❸ For since death | came | **through a man**, the resurrection of the dead | comes | also **through a man.**

사망이 사람으로 말미암았으니 죽은 자의 부활도 사람으로 말미암는 도다.(1Co15:21)

❼ He | came | bustling | **through the crowd.**
그는 | 왔어 | 법석을 떨며 | 군중을 뚫고.(3HP160)

❼ The spear | came | **out** | **through his back.**
창이 | 된지라 | 나가게 | 그 등을 꿰뚫고.(2Sa2:23)

기본형

❶ For since death | is **through** a man, ❸ the resurrection of the dead | comes | also **through** a man.
사망이 사람으로 말미암고 죽은 자의 부활도 사람으로 말미암는다.(1Co15:21;)

❶ In an instant she | was **through** the crowd.
한 순간에 그녀는 | 군중을 통과했다.

[❶] He stretched on the floor dead, with [a bullet | **through** his back].
그는 마루에 죽어 뻗어있었다, [총알이 | 등을 관통한] 채.

(pr + 관념 · 활동)

❸ To get here, we | have come | **through many difficulties.**
여기까지 오면서 우리는 | 되었다 | 많은 어려움들을 이겨내게.(EPV)

❼ I | came | at an education | **through study.**
나는 | 되었다 | 교육받게 | 공부를 통해.

기본형

❶ Harry | has been **through** a terrible ordeal tonight.
해리는 | 오늘밤 끔직한 시련을 겪었다.(4HP607)

❶ Do you know [what I | 've been **through** ∨]?
너는 [내가 | 무엇을 통과했는지] 아니?(PM)

(pr + 장소)

❸ He | will come | **through the forest.**
그는 | 올 거야 | 그 숲을 통해.(KA25)

❸ We | came | **through a busy street.**
그는 | 왔다 | 한 복잡한 거리를 통해.

❸   Sun | came | **through** the window.
   햇빛이 | 들어왔다 | 그 창을 통해 비쳐.

❼   The burglar | came | **in** | **through** the window.
   도둑은 | 왔다 | 들어 | 창문으로. ☞ in through~

기본형

❶ The sun | is **through** the window.   태양이 | 창문을 통해 비쳤다.
❶ We | ought to have been **through** it by now.
   우리는 | 지금쯤은 이미 그곳을 통과했어야 해.(1LR100)

t o ~

(pr + me)

❷   A good idea | just came || **to me**.
   한 좋은 생각이 | 바로 왔다 || 내게.

❷   It | suddenly came || **to me** [that I was wrong].
   [내가 틀렸다는] 생각이 | 갑자기 떠올랐다 || 내게. * It = [ ]

[❷]   Let「[| come | **to me**] || what [may].
   무슨 일이 임하든지 내가 당하리라.(Job13:13) *what may come to me

❷   The word of the LORD | came || **to me**:
   여호와의 말씀이 | 임하였다 || 내게.(Eze6:1)

❻   "| Come | here || **to me**."
   | 오라 | 여기 || 내게.(1Ki18:30)

❻   A pretty girl | came | up || **to me**.
   예쁜 소녀가 | 왔다 | 다가 || 내게.

❻   Her death | came | as a surprise | **to me**.
   그녀의 죽음이 | 왔다 | 충격으로 || 그에게.

(pr + you)

❷   No harm | will come || **to you**.
   해로운 일은 | 오지 (일어나지) 않을 거야 || 네게.

(pr + him/her/them)

❷　Everything | comes ‖ **to him** 〈 who waits 〉.
〈 기다리는 〉 자에게는 반드시 때가 온다.

❷　Bad luck | always comes ‖ **to her**.
불운이 | 항상 온다 ‖ 그녀에게.

❷　A great idea | then came ‖ **to her**.
위대한 아이디어가 | 그때 왔다 ‖ 그녀에게.

❷　When their message | came ‖ **to him**, Joseph wept.
요셉이 그 말을 들을 때에 울었더라.(Ge50:17)

❷　The answer | came ‖ **to them**.
대답이 | 떠올랐다 ‖ 그들에게.

[❷]　He had it [| coming ‖ **to him**].
그는 그것이 [그에게 오게] 했어. *자업자득이다.

[❷]　Mostafa seemed [| to come ‖ **to himself**].
모스타파는 [의식이 회복된 것] 같았다.(4HP100)

(pr + 사람 일반)

❷　Merlin | came ‖ **to King Uther**.
멜린은 | 왔다 ‖ 우터 왕에게.(KA)

❷　The word of the LORD | came ‖ **to Solomon**:
여호와의 말씀이 | 임하였다 ‖ 솔로몬에게.(1Ki6:11)

❻　All the men of Israel | came | together ‖ **to King Solomon**. 이스라엘 모든 사람이 | 왔다 | 함께 ‖ 솔로왕에게.(1K8:2)

❻　They | came | with ten men ‖ **to Gedaliah** son of Ahikam. 그들이 | 왔다 | 열 사람과 함께 ‖ 아히감의 아들 그다랴에게.(Jer41:1)

❻　The little pigs | came | running ‖ **to their mother**.
어린 돼지들은 | 왔어 | 달려서 ‖ 어미에게.

(pr + 조직)

❷　May I | come ‖ **to your home** today?
내가 | 찾아가도 괜찮을까요 ‖ 오늘 집에?

[❷]　Do you want [| to come ‖ **to my home** today]?
당신은 [오늘 저의 집에 오시길] 원하십니까?

(pr + 신체; ankle)

❷ Her dress | came ‖ **to her ankles**.
그녀의 옷이 | 오게 되었다 ‖ 발목까지.

(pr + 신체; back)

❷ Her hair | comes ‖ **to her back**.
그녀의 머리는 등 뒤에까지 늘어져 있다.

(pr + 신체; ear)

❷ My cry | came ‖ **to his ears**.
나의 부르짖음이 | 들렸다 ‖ 그의 귀에.(2Sa22:7)

(pr + 신체; head)

❷ A bright idea | came ‖ **to my head** (or me).
멋진 생각이 | 왔다 (떠올랐다)‖ 머리에.

❷ It all | came ‖ **to a head** { when } Jennifer called Tiffany a slut.
모든 상황이 | 되었다 ‖ 극도로 악화, 제니퍼가 티파니를 행실 나쁜 여자라고 불렀을 {때}.(EID)

(pr + 신체; knuckle)

❷ The sleeves | come ‖ **to your knuckles**.
소매가 | 온다 ‖ 네 손가락 마디까지.

(pr + 신체; lip)

❷ A smile | came ‖ **to his lips**.
한 미소가 | 왔다 (떠올랐다)‖ 그의 입술에.

(pr + 정신; mind)

❷ His name | doesn't come ‖ **to my mind**.
그의 이름이 | 떠오르지 않아 ‖ 내 기억에.

(pr + 정신; sense)

❷ | Come ‖ **to your senses**!
| 와라 ‖ 네 의식에 지향해! *정신 차려!

❷ He | came ‖ **to his senses**.
그는 | 왔다 ‖ 그의 의식에 지향하여.(Lk15:17) *정신들다.

(pr + 물건 · 에너지)

❷ The water │ came ‖ **to a boil**.
　　물이 │ 도달했다 ‖ 비등점에.

❷ Their anger │ came ‖ **to a boil**.
　　그들의 화가 │ 되었다 ‖ 폭발하게.

❷ A further problem │ came ‖ **to** light last summer.
　　추가적인 문제가 │ 되었다 ‖ 작년 여름 밝혀지게.

(pr + 관념 · 활동; 모임)

❷ May I │ come ‖ **to the party**?
　　내가 │ 와도 될까요 ‖ 파티에?

❷ Will you │ come ‖ **to the dance** tonight?
　　당신은 │ 오시겠습니까 ‖ 오늘밤 댄스에?

[대화]

A : ❷ Can you │ come ‖ **to my party** this Staturday?
　　이 번 토요일 내 파티에 올 수 있니?

B : Sure, I'd love to.
　　물론이지, 기꺼이.(TEPS)

(pr + 관념 · 활동; 도움)

❷ The fire fighters │ came ‖ **to their rescue**.
　　소방대원들이 │ 왔어 ‖ 그들을 구조차.

❷ O Lord, │ come ‖ **to your aid**.
　　여호와여 나의 중보 (도움) 이 되소서.(Isa38:14)

❷ No one │ came ‖ **to my support**, but everyone deserted me.　아무도 │ 오지 않고 ‖ 나의 도움에, 모두가 나를 버렸다.(2Ti4:16)

(pr + 관념 · 활동; 생동)

❷ The party │ came ‖ **to power** in 2008.
　　그 정당은 │ 되었다 ‖ 정권을 잡게 2008년.

❷ [What you sow] │ does not come ‖ **to life** unless it dies.
　　[너희가 뿌리는 씨가] 죽지 않으면 살아나지 못하겠고.(1Co15:36)

❻ Then a new king │ came ‖ **to power** ⌜in Egypt.

새 왕이 | 되었다 ‖ 정권을 쥐게 「이집트에서.(Ex1:8)

(pr + 관념 · 활동; 합의/결론)

❷ We | 've come ‖ **to the conclusion** [that you are right].
우리는 | 되었다 ‖ [네가 옳다는] 결론에 이르게.

❷ They | came ‖ **to the decision** [to put Jesus to death].
그들이 | 도달했다 ‖ [예수를 죽이려는] 결정에.(Mt27:1)

❷ A Daniel | come ‖ **to judgment**!
다니엘이 | 왔다 ‖ 재판에! *명재판관이 왔다.

❷ They | 've come ‖ **to an understanding**.
그들은 | 되었다 ‖ 이해를 하게.(EID)

❷ The warring factions | have at last come ‖ **to terms**.
군벌들은 | 결국 되었다 ‖ 합의에 이르게.

❹ They | came ‖ **to grips** ‖ with the unemployment problem.   그들은 | 되었다 ‖ 받아들이게 ‖ 실업문제를.

(pr + 관념 · 활동; 난관/중단)

❷ A liar | comes ‖ **to grief** at last.
거짓말쟁이는 | 된다 ‖ 결국 불행하게.

❷ His campaign | came ‖ **to grief**.
그의 운동은 | 되었다 ‖ 불운 (실패) 하게.

❷ The convoy | came ‖ **to an abrupt halt**.
선도차가 | 했다 ‖ 급작스럽게 정지.

❷ The ferries wheel | came ‖ **to rest**.
회전관람차가 | 되었다 ‖ 멈추게.

❷ The festivity | came ‖ **to a standstill**. We ran out of beverages.   축제가 | 되었다 ‖ 중단 상태로. 음료수가 떨어졌다.(EID)

❷ The meeting | came ‖ **to a pass**.
그 회의는 | 되었다 ‖ 곤란스런 상황에 봉착하게.

❷ He was killed... and it all | came ‖ **to nothing**.
그가 죽임을 당하자 모든 것이 | 되었다 ‖ 허사가.(Ac5:36)

(pr + 관념 · 활동; 결과)

❷ The boys | came ‖ **to blows** after a viloent quarrel.

그 소년들이 | 되었다 ‖ 치고받게, 심한 말다툼 끝에.

❷　At last we | came ‖ **to the chapter** on ergonomics.
　　드디어 우리는 | 되었다 ‖ 생명공학의 한 획에 향하게.

❷　Bill | came ‖ **to an untimely end.**
　　빌은 | 왔어 ‖ 예상치 못한 결과가.(EID) *요절하다.

❷　My day in the hills | comes ‖ **to an end.**
　　언덕에서의 내 하루는 | ·왔어 ‖ 끝이.(SOM)

[대화]

A :　Whatever happened to Bill?
　　빌에게 무슨 일이 있었어?

B :　He | came ‖ **to a bad end.** He got kicked to death by a
　　mule.　그가 나쁜 결과가 되었다. 그는 노새에게 차여 죽었어.(EID)

(pr + 관념 · 활동; 수량)

❷　The total | comes ‖ **to 100 dollars.**
　　합계가 | 나왔어 ‖ 100불에.

❷　Your bill | comes ‖ **to** £10 (ten pounds).
　　당신의 셈이 | 된다 ‖ 10파운드 상당이.

❷　My taxes | came ‖ **to $3,000** last year.
　　내 세금은 | 달했다 ‖ 작년에 3천 달러에.

❷　The weight of the gold rings ⟨ he asked for ⟩ | came ‖
　　to seventeen hundred shekels,
　　⟨ 기드온의 청한 바 ⟩ 금귀고리 중수가 | 달했다 ‖ 금 일천 칠백 세겔에.(Jdg8:26)

[대화]

A :　How much do I owe you?
　　얼마 드리면 되죠?

B :　❷ It | comes ‖ **to 10 dollars and 50 cents.**
　　좋아요. 10달러 50센트예요.(TEPS)

(pr + 관념 · 활동; 대명사)

❷　Has it | come ‖ **to this?**
　　그것이 | 되고 말았나 ‖ 이 꼴이?

❷ [What he says] | comes ‖ **to this**.
[그가 말하는 것은 (그의 이야기는)] | 된다 ‖ 결국 이런 것이.

[❷] I never thought [things | would come ‖ **to this**].
나는 [결과가 이렇게 될 줄] 생각하지 못했다.

❷ That can wait. I | 'll come ‖ **to that**, later.
그건 지금 안 해도 돼. 난 | 될 거야 ‖ 나중에 그걸 하게.(NQE)

❷ He's very good at tennis. | Come ‖ **to that**, his brother's just as good.
그는 테니스를 잘해. 그러고 보니, 그 형제도 잘하는군.(EJD)

❷ **What** does that | come ‖ **to** ∨?
그것은 | 되었니 ‖ 어떻게? *∨ = what

[❷] I don't know [**what** the world | is coming ‖ **to** ∨].
나는 [세상이 도대체 어떻게 될지] 모르겠다.(NF)

(pr + 장소 · 위치)

❷ May I | come ‖ **to your house** next Sunday?
다음 일요일에 댁으로 찾아뵈어도 될까요?

❷ I | came ‖ **to your office** yesterday, but you were out.
나는 | 왔다 ‖ 어제 네 사무실에, 그러나 넌 외출 중이었다.

❷ My friend Tome | didn't come ‖ **to school** today.
내 친구 톰은 | 오지 않았다 ‖ 오늘 학교에.

[❷] Sir Meligrance saw Lancelot [| coming ‖ **to the castle**].
멜리그란스 경은 란셀롯이 [성에 오는 것을] 보았다.(KA18)

❷ At last they | came ‖ **to a village**.
드디어 그들은 | 왔다 ‖ 한 마을에.

❷ He | came ‖ **to the end of the road**.
그는 | 다다랐다 ‖ 도로의 끝에.

❷ Her dress | came ‖ almost **to the floor**.
그녀의 옷은 | 다다랐다 ‖ 거의 마루에.

❹ All of my lies | came ‖ home ‖ **to roost**.
모든 내 거짓말이 | 왔다 ‖ 집에 ‖ 보금자리 (홰) 에. *되돌아오다.

❻ | Come | with me ‖ **to Sir Meligrance's castle**.
| 오라 | 나와 함께 ‖ 멜리그란스 경의 성에.(KA17)

⑥   May I | come | along with you ‖ **to the movies**?
　　　　나 | 가도 되니 | 너와 같이 ‖ 영화관에?

⑥   What if the woman is unwilling [| to come | back with me ‖ **to this land**]?
　　　　여자가 [나를 좇아 이 땅으로 오고자] 아니하거든.(Ge24:5)

[대화]

A :   ❷ Have you heard Michael Jackson | is coming ‖ **to town**?   마이클 잭슨이 온다는 말 들었니?

B :   Really? The Michael Jackson? ❸ He | 's coming | here?
　　　　정말? 진짜 그 마이클 잭슨 말이야? 그가 여기 온다고?

A :   Yeah, it's in today's paper.
　　　　그래, 오늘 신문에 났어.

B :   ❶ When's he | coming?
　　　　언제 온데?(TEPS)

\Joke⎯/

Pupil (on phone) : ❷ My son has a bad cold and | won't be able to come ‖ **to school** today.
　　　　학생 (전화상으로) : 내 아들이 독감이 걸려 오늘 등교하지 못하겠군요.

School Secretary : Who is this?
　　　　학교서기 : 전화하시는 분 누구신가요?

Pupil : This is my father speaking!
　　　　학생 : 나의 아버지이에요!

(pr + point/side)

❸ I'm in a hurry, | so come | **to the point.**
   난 바빠, | 말해 | 요점을.(1-2HAC146)

❸ They | came | right **to the point.**
   그들은 | 되었어 | 바로 요점에 들어가게.(RBS6)

❸ All the Christian | will come | **to his side.**
   모든 기독교인들이 | 올 거야 | 그의 편에.(Sho110)

기본형

❶ They | are right **to the point.**   그들은 | 바로 요점에 들어가 있다.
❶ In moments he | was **to my side.**   곧 그는 | 내 곁에 위치했다.

toward(s)~

(pr + 사람)

❷ Another phantom | was coming ‖ **toward him.**
   다른 유령이 | 오고 있었다 ‖ 그를 향해.(CC81)

❻ He | came | running ‖ **towards me.**
   그가 | 왔다 | 달려 ‖ 내 쪽으로.

under~

(pr + 사람)

❸ The bridge repair | come | **under the Construction Ministry?**   다리의 보수는 | 옵니까 | 건설부의 관할 하에?(EPV)

기본형

❶ I am your superior. You｜'re **under me**. 나는 네 상관이야. 넌 ｜ 내 아래 있어.(OT28)

(pr + 관념 · 활동)

❸ The Prime Minister ｜ was come ｜ **under criticism** because of the recent scandal.
수상은 ｜ 되었다 ｜ 비판을 받게, 최근의 스캔들 때문에.(EPV)

❸ But if we judged ourselves, we ｜ would not come ｜ **under judgment**. 우리가 우리를 살폈으면 판단을 받지 아니하려니와.(1Co11:31)

❸ The president ｜ came ｜ **under heavy pressure** to resign. 대통령은 ｜ 되었다 ｜ 엄청난 사퇴 압력을 받게.(NQE)

❸ They ｜ have come ｜ **under the protection** of my roof.
그들이 ｜ 왔다 ｜ 내 지붕의 보호 하에.(Ge19:8)

❸ His relationship with the spy ｜ came ｜ **under scrutiny**.
그는 스파이와의 관계를 철저히 조사 받았다.(NQE)

❸ **What heading** does this ｜ come ｜ **under** ∨?
이 건 ｜ 둘 까요 ｜ 무슨 항목 아래에.

❸ This ｜ comes ｜ **under a new heading**.
이것은 ｜ 온다 ｜ 새로운 항목아래. *∨ = what heading

❸ Tea and sugar ｜ come ｜ **under the head of groceries**.
차와 설탕은 ｜ 된다 ｜ 식료품류에 속하게.

기본형

❶ He ｜ was **under** attack.　　　　그는 ｜ 공격받았다.(TTK263)
❶ Everybody in our office ｜ is **under** a lot of pressure.
우리 사무실의 모두는 ｜ 많은 부담을 갖고 있어.
❶ The matter ｜ is **under** investigation. 그 사건은 ｜ 조사 중이다.(ECD1169)
❶ What name is｣ it ｜ **under** ∨? 누구 이름으로 해 놓을까요?

(pr + 장소)

[❸]   Lord, I do not deserve to have you [| come | **under my roof**].   주여 [내집에 들어오심을] 나는 감당치 못하겠사오니.(Mt8:8)

기본형

❶ They | are <u>under</u> the same roof.   그들은 | 한 지붕아래 산다.

u p ~

(pr + 장소)

❸ | Come | **up here**.
　　| 올라 와 | 이 위로.(MHO; Pr25:7)

❸   The people | cannot come | **up Mount Sinai**,
　　백성이 | 오지 못하리라 | 시내 산에 올라.(Ex19:23)

❸   The man of God | has come | all the way **up here**.
　　하나님의 사람이 | 이르렀나이다 | 여기에.(2Ki8:7)

❼ | Come | along | **up there**!
　　| 와라 | 따라 | 저 위에.(Papi)

❼   Fudge | came | striding | **up the ward**.
　　퍼지가 | 왔다 | 활보하며 | 병동으로 올라.(4HP609)

❼   Dumbldore | came | sweeping | **up the ward**.
　　덤블도어가 | 왔다 | 휙하고 | 병동으로 올라.(4HP609)

기본형

❶ | <u>Up</u> here, if you please! | 이 위로 올라와요.(4HP239)
❶ | <u>Up</u> there! | 저 위로! (J&C)
❶ I | was <u>up</u> the hospital until 1a.m.   나는 | 오전 1시 까지 병원에 있었다.

upon~

(pr + 사람)

③ After he left there, he │ came │ **upon Jehonadab** son of Recab. 예후가 거기서 떠나가다가 레갑의 아들 여호나답을 만난지라.(2Ki10:15)

③ Fears │ came │ **upon me**.
두려움이 │ 왔다 │ 내게 엄습해.(R&J)

③ What │ has come │ **upon you**?
무슨 일이 │ 일어났니 │ 네게?

③」 Shall there」 come │ **upon you** [three years of famine in your land]? 칠년 기근이 │ 올 것이니까 │ 당신 위에?(2Sa24:13)

③ The sons of Jacob │ came │ **upon the dead bodies** and looted the city.
야곱의 여러 아들이 그 시체 있는 성으로 가서 노략하였으니.(Ge34:27)

③ Then the kingdom of God │ has come │ **upon you**.
하나님의 나라가 │ 이미 임하였다 │ 너희 위에.(Mt2:19)

③ The wrath of God │ come │ **upon them** at last.
노하심이 │ 임하였느니라 │ 끝까지 저희에게.(1Th2:16)

③ The morning │ comes │ **upon us**.
아침이 │ 온다 │ 우리 위에.(2FT153)

[⑦] They thought [the devil │ came │ in │ **upon them**].
그들은 [악마가 그들에게 들어 닥쳤다] 고 생각했다.(68SS32)

기본형

❶ Samson, the Philistines │ are **upon you**.
삼손이여. 블레셋 사람들이 │ 당신에게 미쳤느니라.(Jdg16:14)

❶ The enemy │ is **upon you**. 적이 │ 다가온다.(적이다!).(1LR240)

❶ A new fear │ was **upon them**. 새 두려움이 │ 그들에게 엄습했어.(2LR282)

❶ The wrath of the Lord │ is **upon you**.
여호와의 진노가 │ 네게 임할 것이라.(2Ch19:2)

❶ New year │ is almost **upon us**. 새해가 │ 거의 다 왔어.

(pr + 사물)

❸ She | came at once | **upon a handsomely engraved and colored frotispiece.**
그녀는 | 곧 보게 되었다 | 아름다운 천연색 머리 그림을.(ATS132)

❸ I | came | **upon the announcement** in the paper.
나는 | 되었다 | 신문의 그 발표가 우연히 눈에 띄게.

❸ The weary traveler | came | **upon an inn** just before midnight. 지친 여행객이 | 되었다 | 한 여관을 발견하게, 자정 직전에.(EID)

❸ It | came | **upon the midnight** ⟨ clear ⟩...
그것은 | 일어났다 | 그 ⟨ 맑은 ⟩ 밤중에...(Hymn12)

❼ We heard it in Ephrathah, we | came | **upon it** | in the fields of Jaar.
우리가 그것이 에브라다에 있다함을 들었더니 나무 밭에서 찾았도다.(Ps132:6)

기본형

❶ He | was <u>upon</u> the announcement in the paper.
그는 | 신문의 그 발표에 접하였다.

❶ It | was <u>upon</u> the midnight of All Saints.
그것은 | '모든 성인의 밤' 중의 일이었다.

with~

(pr + 사람)

❸ Shall I | come | **with you?**
내가 | 올 (갈) 까요 | 당신과 같이?

❸ Won't you | come | **with us?**
당신은 | 오지 않겠어요 | 우리와 같이?(Jdg18:19)

❸ Arise, my darling, my beautiful one, {and} | come | **with me.** 나의 어여쁜 자야 일어나[서] | 가자 | 나와 함께.(SS2:10)

PART 3 – 전치사구   135

③ ┃ There was┛ Esau, ┃ coming ┃ **with** his four hundred men;
　　에서가 ┃ 오는지라 ┃ 4백 인을 거느리고.(Ge33:1)

⑥ ┃ I ┃ am coming ‖ **to** you ┃**with** your wife and her two sons. 　내가 ┃ 왔노라 ‖ 그대에게 ┎그대의 아내와 그 두 아들로 더불어.(Ex18:6)

⑥ ┃ I ┃ have come ‖ **to** an agreement ┃**with** him on the matter. 　나는 ┃ 되었다 ‖ 합의에 이르게 ┎그와 그 문제에 관해.

⑥ ┃ The company ┃ has come ‖ **to** terms ┃**with** the union.
　　회사는 ┃ 되었다 ‖ 합의에 이르게 ┎노조와.

⑦ ┃ ┃ Come ┃ in ┃ **with** me.
　　┃ 오자 ┃ 들어 ┃ 나와 함께.(KA)

⑦ ┃ Will you ┃ come ┃ **out to** dinner ┃ **with** me?
　　당신은 ┃ 하지 않겠어요 ┃ 저녁 먹으러 외출 ┃ 나와 같이?

⑦ ┃ They ┃ came ┃ here ┃ **with** me.
　　그들이 ┃ 왔다 ┃ 여기에 ┃ 나와 함께.(Ac25:17)

기본형

❶ I ┃ 'm always **with** you.　　나는 ┃ 너와 항상 함께 있어.
❶ I ┃ will be **with** you soon.　나는 ┃ 곧 너와 함께 있을 거야.
❶ What ┃ 's **with** him?　　　무슨 일이 ┃ 그에게 있니?

(pr + 신체)

④ ┃ Now you both ┃ come ‖ **to** me ‖ **with** this bad blood.
　　이제 ┃ 두 사람이 ┃ 내게 왔어 ‖ 이런 불화를 가지고.

[⑥] ┃ He was lucky [┃ to come ┃ off ┃ **with** just a few bruises].
　　그가 [약간의 타박상만 입고 끝난 것은] 다행이다. ☞ off with~

(pr + 물건)

② ┃ Does dessert ┃ come ‖ **with** this dinner?
　　후식이 ┃ 오나요 ‖ 만찬에 딸려?

② ┃ French fries ┃ come ‖ **with** the hamburger.
　　프렌치 튀김은 ┃ 온다 ‖ 햄버거에 딸려.

② ┃ The earphone ┃ came ‖ **with** the computer.

이어폰은 | 왔다 ‖ 컴퓨터에 딸려.

❷ Rachel | came ‖ **with** her father's sheep, for she was a shepherdess.
라헬이 | 왔다 ‖ 아비의 양과 함께, 이는 그가 양을 침이었더라.(Ge29:9)

❷ A woman | came ‖ **with** an alabaster jar of very expensive perfume,
한 여자가 | 왔다 ‖ 매우 값진 향유 한 옥합을 가지고.(Mk14:3)

❹ A woman | came ‖ to him ‖ **with** an alabaster jar of very expensive perfume,
한 여자가 | 왔다 ‖ 그에게 ‖ 매우 값진 향유 한 옥합을 가지고.(Mk14:3)

(pr + 관념·활동)

❷ The next day Agrippa and Bernice | came ‖ **with** great pomp.   이튿날 아그리파와 베니게가 | 왔다 ‖ 크게 위세를 부리며.(Ac25:23)

❹ The Sadducees | came ‖ to him ‖ **with** a question.
사두개인들이 | 왔다 ‖ 예수께 ‖ 질문을 가지고.(Mt22:23)

❹ He | had to come ‖ to grips ‖ **with** the proposition.
그는 | 해야 한다 ‖ 장악해야 ‖ 그 문제를.

❻ He | 's coming | along nicely ‖ **with** his studies.
그는 | 되고 있다 | 잘 ‖ 공부가. ☞ allong with~

❻ The evil spirit | came ‖ out of him ‖ **with** a shriek.
악한 귀신이 | 왔다 | 그에게서 ‖ 큰소리를 내며.(Mk1:26)

within~

(pr + 위치·범위)

❸ He | came | **within** earshot.
그는 | 왔다 | 청각 범위 내.(Fm307)

❸ The bride and bridegroom | came | **within** sight.
신부와 신랑이 | 왔다 | 시야 범위 내.(SM76)

❸ Well, it | comes | **within my price range**. I'll take it.
   자, 그거 | 오네요 | 내 가격 범위내. 내가 그걸 살게요.(NQE)

❸ It | doesn't come | **within my area of expertise**.
   이건 | 오지 않아 | 내 전문 분야에 들어.(NQE)

❸ This stipulation | comes | **within the terms** of your contract. 이 약정은 | 온다 | 네 계약의 조건 범위내에 들어.

❸ This | comes | **within the terms** of the treaty.
   이것은 | 온다 | 그 조약 조건 범위내에 들어.

❸ I | came | **within an inch of yelling** at my wife, but decided that it would be a bad idea.
   난 하마터면 아내에게 소리를 지를 뻔했지만 별로 좋은 생각이 아니라고 마음을 다잡았다.(EPV)

❸ It's a good thing I saw that mistake. I | came | **within an inch of turning** in my exam.
   내가 실수를 발견해서 다행이야. 시험지를 막 제출하려고 하다가 가까스로 그걸 발견했거든.(EID)

기본형

❶ I | was not **within** earshot.   나는 | 안 들리는 데 있었어.(DOD)
❶ Neither Lako nor Jevy | were **within** eyesight.
   라코나 제비 누구도 | 시야에 보이지 않았어.(Te298)
❶ Udo | was **within** an inch of his life.   우도는 | 거의 죽을 뻔했다.(EID)
❶ We | are now **within** the range of the enemy fire.
   우리는 | 이제 적의 사정거리 범위에 있어.(OED)

without~

(pr + 사람·물건)

❸ They | came | **without** money, **without** relatives.
   그들은 | 왔다 | 돈 없이, 친척없이.

❻ He | came | **to** the party 「**without** her.
   그는 | 갔어 ‖ 그 파티에 「그녀 없이.

기본형

❶ We | have been <u>without</u> an interpreter. 우리는 | 통역 없이 지내왔다.(SW156)
❶ We | are <u>without</u> money. 우리는 | 돈이 없다.

추가 전치사구  참고

near~

(pr + 사람)

[❸]   ...they were afraid [| to come | **near** him].
그들은 [그에게 가까이 하기를] 두려워 하더라.(Ex34:30)

기본형

❶ They | were <u>near</u> him.   그들은 | 그에게 가까웠다.

(pr + 사물)

❸   He | came | **near** the castle.
그는 | 왔어 | 성 근처에.(KA)

❸   This | comes | **near** perfection.
이것은 | 되었다 | 거의 완벽하게.

❼   The plane | came | down | **near** the lake.
비행기가 | 되었다 | 추락하게 | 호수 가까이.

기본형

❶ He | was <u>near</u> the castle.   그는 | 성 근처에 있었다.

throughout~

(pr + 장소)

❸ Seven years of great abundance | are coming | **throughout the land of Egypt.**
일곱 해 큰 풍년이 | 오고 있다 | 온 땅에.(Ge41:29)

❸ There came⌐ swarms of flies, and gnats | **throughout their country.**
파리와 이의 떼가 | 왔다 | 저희 사경에.(Ps105:31)

기본형

❶ ... there was⌐ a severe famine | throughout the land.
큰 흉년이 | 온 땅에 들었다.(Lk4:25)

PART 4
복합전치사구 *Complex Preposition Phrase*

from across~....in after~....out against~....up against~....in along~....down among~....from among~....in among~....up among~....on around~....about as~....across as~....down as~....on as~....up as~....across at~....apart at~....in at~....on at~....out at~....together at~....up at~....along behind~....from behind~....up behind~....from between~....back down~....along for~....around for~....back for~....in for~....on for~....out for~....over for~....together for~....up for~....away from~....back from~....down from~....forth from~....in from~....out from~....over from~....up from~....along in~....apart in~....around in~....back in~....down in~....out in~....through in~....up in~....back inside~....down inside~....from inside~....out into~....up into~....ahead of~....off of~....out of~....along on~....back on~....down on~....in on~....off on~....out on~....together on~....up on~....back onto~....down over~....out over~....back through~....down through~....in through~....across to~....along to~....around to~....away to~....back to~....down to~....from~ to~....in to~....on to(onto)~....out to~....over to~....up to~....down toward~....from under~....back up~....across with~....along with~....away with~....back with~....down with~....forth with~....forward with~....in with~....off with~....on with~....out with~....through with~....together with~....up with~....from within~....along without~....around without~....close to~....near to~....next to~

from across~
~across~

(cpr + 장소)

❸   He | came | **from across the road.**
그는 | 왔다 | 길 건너에서.

기본형

❶   I | 'm <u>from across</u> the road.   난 | 길 건너에서 왔다.

in after~
~after~

(cpr + 사람)

❸   He | came | **in after me.**
그는 | 왔다 | 나를 따라 들어.

기본형

❶   He | was <u>in after</u> me.   그는 | 나를 따라 들었다.

out against~
~against~

(cpr + 사람)

❸   Everyone | came | **out against me** in the meeting.
모두가 | 했다 | 나에게 반대를 표명, 회의에서.(EPV)

❸   Sir Pellinore | came | **out against King Arthur.**
펠리노어 경이 | 왔다 | 아더왕에게 대적하여 나아.(KA5)

기본형

❶ He | is <u>out against</u> them.   그는 | 공공연히 그들에게 반대한다.

up against~   ~against~

(cpr + 사람)

❸ I |'ve come | **up against someone** ⟨ I can't quite handle ⟩.
나는 | 됐다 | 내가 어쩌지 못할 사람과 대립하게.(NQE)

기본형

❶ They | were **up against** a killer ⟨ with the intelligence to think and plan ⟩.   그들은 | ⟨ 생각하고 계획하는 지능을 가진 ⟩ 살인자와 직면했다.(TDC)

(cpr + 관념·활동)

❸ The new government | will come | **up against resistance** from the union.
새 정부는 | 될 것이다 | 노조로부터의 저항에 직면하게.

기본형

❶ The country | is **up against** the most difficult problem.
그 나라는 | 매우 어려운 문제에 봉착했다.

in along~   ~along~

(cpr + 장소)

⟨❸⟩ a variety of goods from India and China ⟨ which | came

| **in along the Silk Road** {and} up through the Red Sea via the port at Petra 〉.
> 〈 비단길을 연해 들어와서 페트라에서 항구를 통해 홍해를 통해 올라온 〉 중국과 인도의 다양한 물품들.

기본형

❶ They | were <u>in along the Silk Road</u>.   그들은 | 비단길을 통해 들었다.

down among~   ~among~

(cpr + 사람)

❸   They | came quickly | **down among** them.
    그들은 | 신속히 왔다 | 그들 가운데에 내려.(CN680)

기본형

❶ Alcohol use | was **down among** eighth-graders.
알콜 사용은 | 8학년 중에서 하락했다.

from among~   ~among~

(cpr + 사람)

❸   The soldiers also | came | **from among** the city's younger men.
    군인들 역시 | 왔다 | 그 도시의 젊은이 중에서.

기본형

❶ The chairman | will be <u>from among</u> the members.
의장은 | 회원 중에서일 것이다.

in among~ ~among~

(cpr + 사람 · 물건)

❸ Savage wolves | will come | **in among** you and will not spare the flock.
흉악한 이리가 | 와서 | 너희 중에 들어, 그 양떼를 아끼지 아니하리라. (Ac20:29)

❸ Hyundai | came | **in among** the top three nameplates in the study.
현대는 | 왔다 | 그 연구에서 톱 3의 명패 중에 들어.

기본형

❶ He | was <u>in among</u> them. 그는 | 그들 중에 있었다.

up among~ ~among~

(cpr + 사람)

❸ The subject | never came | **up among** us.
그 화제는 | 된 적이 없다 | 우리 중에서 제기.

기본형

❶ The expectation | was <u>up among</u> the fans.
기대감이 | 팬 가운데서 일어났다.

on around~

~around~

(cpr + 장소)

⟨③⟩　You know everything ⟨ that ｜ comes ｜ **on around here** ⟩.
너 ⟨ 이 주위에 일어나는 ⟩ 모든 일을 알고 있지.(1HP231)

기본형

❶ I listened to VCY America {when} it ｜ was **on around** here.
나는 그 일이 ｜ 이 주변에 일어날 {때} VCY 미국 방송을 들었다.

about as~

~as~

(cpr + 관념)

⟨③⟩　Our marriage ｜ came ｜ **about as a result** of a chance meeting in a fish market.
우리의 결혼은 ｜ 되었다 ｜ 생선시장에서의 우연한 만남의 결과로 이루어지게.(EID)

기본형

❶ It ｜ was **about as** a result of composition fluctuations in the layer.
그것은 ｜ 그 레이어 (층) 에서의 복합적인 유동의 결과로 일어났다.

across as~

~as~

(cpr + 사람·사물)

③　John ｜ came ｜ **across as rather a nervous man**.
존은 ｜ 졌다 ｜ 약간 신경질적인 사람처럼 보여.(EPV,5HP579)

❸ This article | comes | **across as nothing** more than an advertisement for his book.
이 기사는 | 진다 | 자기 책 선전으로밖에 안 보여.(NQE)

기본형

[❶] It was not a wire [that | was **across as** a barrier], in most cases it's a pole or a chain.
[장애물로서 가로질러 있는 것은] 선이 아니고, 대부분의 경우 기둥이나 체인이다.

down as~ ~as~

(cpr + 관념)

❸ The Mir space station went up as a symbol, and it | came | **down as a symbol**.
미르 우주정거장은 하나의 상징으로 올라갔다가, 왔다 | 하나의 상징으로 내려.

기본형

❶ It | was **down as** a symbol.   그것은 | 하나의 상징으로 내려왔다.

on as~ ~as~

(cpr + 사람)

❸ He | comes | **on as an old-fashioned reactionary**.
그는 | 보인다 (행동한다) | 구태의연한 반동인 것처럼.

❸ The president | comes | **on as a socialist**, but we all know better.
대통령이 | 하지만 | 사회주의자척, 우리 그걸 믿을 바보가 아니다.(NQE)

③ He | comes | **on as a happy camper**, but he's just putting it on.
그는 | 보이지만 | 행복한 것처럼, 그런 척 하는 것일 뿐이야.(NQE)

기본형

❶ He | was on as an astronomer.   그는 | 천문학자로 행세했다.

up as~   ~as~

(cpr + 관념 · 활동)

③ Your prayers and gifts to the poor | have come | **up as a memorial offering** before God.
네 기도와 구제가 | 되었다 | 하나님 앞에 하나의 기념적인 봉헌으로 올려지게.(Ac10:5)

기본형

❶ Law | is up as a career 〈 that I wish to pursue 〉.
법은 | 〈 내가 추구하기 원하는 〉 경력으로 등장했다.

across at~   ~at~

(cpr + 장소)

③ I | came | **across at the Marriott Hotel** here in Brisbane.
나는 | 왔다 | 여기 브리스베인의 메리웃 호텔로 가로질러.

기본형

❶ My mom | was across at the other end.   엄마는 | 다른 끝단 건너편에 있었다.

apart at~

~at~

(cpr + 사물)

❸   She | came | **apart at the seams**, and cried for hours.
    그녀는 | 되어 | 자제심을 잃게, 몇 시간 동안 울었다.(EID)

❸   This shirt | has come | **apart at the seams**.
    이 셔츠는 | 되었다 | 솔기 부분이 터지게.(EPV)

❸   My new car is terrible! It | 's coming | **apart at the seams!** 내 새 차는 끔찍해. 그건 | 지고 있다 | 완전히 결딴나!((EID)

❸   My whole sense of values | came | **apart at the seams** when I heard that story.
    그 얘길 듣자 내 가치관이 | 되었다 | 무너지게.(NQE)

기본형

❶ The back of one of the double seats | is apart at the seams.
   더블 시트 하나의 등기 | 솔기 부분이 터졌다.

in at~

~at~

(cpr + 장소)

❸   When poverty | comes | **in at the door**, love flies out at the window. 가난이 | 올 때 | 문안에 들어, 사랑은 창밖으로 날아간다.

기본형

❶ He | was in at the door.   그는 | 문으로 들었다.

on at~   ~at~

(cpr + 사람)

❸   But he rapidly recovered and | came | **on at me**.
    그러나 그는 속히 회복되어, | 왔다 | 나에게 계속 공격해.

> 기본형
>
> ❶ He | was **on at** me again.   그는 | 또 날 계속 괴롭혔다.(OAD)

out at~   ~at~

(cpr + 사람)

❸   Dozens of rats | came | **out at us**.
    수십 마리 쥐가 | 왔다 | 우리에게 공격하여 달려 나아.(NQE)

❼   They |'ll come | flying | **out at us**.
    그들이 | 올 거야 | 날라서 | 우리에게 달려 나아.(5HP103)

> 기본형
>
> ❶ They | were **out at** us.   그들이 | 우리에게 내달렸다.

together at~   ~at~

(cpr + 장소)

❸   They | came | **together at** Gibeah.
    그들이 | 왔다 | 기브아에 함께.(Jdg20:14)

기본형

❶ They | were **together at** the camp. 그들이 | 캠프에 함께 있었다.

up at~

~at~

(cpr + 관념 · 활동)

❸ Something | came | **up at work**.
무슨 일이 | 되었다 | 직장에서 일어나게.

[대화]

A : I think I can't make it to the party.
아무래도 파티에 못갈 것 같아.

B : Oh, no, ❸ did something | come | **up at work**?
이런, 직장에서 무슨 일이 있었니?

A : You guessed it, sorry.
맞아, 미안해.

B : Well, business before pleasure.
그래, 노는 것보다 일이 먼저지.(TEPS)

기본형

❶ Something | was **up at work**. 무슨 일이 | 직장에서 일어났다.

along behind~   ~behind~

(cpr + 사람)

[❸]   We saw them [| come | **along behind** us (in the distance)].   우리는 그들이 [(멀리서) 우리 뒤를 따라오는 것] 을 봤다.(Ho9)

기본형

❶ He | was <u>along behind</u> me.   그는 | 내 뒤에 따라왔다.

from behind~   ~behind~

(cpr + 에너지 · 사람)

❸   The sound of laughter | came | **from behind** the curtain.   웃음소리가 | 왔다 | 커튼 뒤쪽에서 들려.

기본형

❶ The sound | was <u>from behind</u> him, beside the door.
그 소리는 | 그의 뒤쪽에서, 문 옆에서 들려왔다.

up behind~   ~behind~

(cpr + 사람)

❸   He | came | **up behind** him.
그는 | 되었다 | 그의 뒤에 나타나게.(6HP518)

❼   Hermione | came | running | **up behind** them.
허미온은 | 왔다 | 달려 | 그들의 뒤에 바짝.(5HP718)

❼   Theye | came | trotting | **up behind** them.
      그들은 | 왔다 | 총총 달려 | 그의 뒤에 바짝.(4HP329)

기본형

❶ He | was up behind me.   그는 | 내 뒤에 가까이 있었다.

---

from between~   ~between~

(cpr + 사물)

❸   The FIRE | came | **from between** the cherubim – from within the image of God.
      불은 | 왔다 | 그룹들 사이에서 – 하나님의 형상 안에서.

기본형

❶ It | was from between the cherubim on the Mercy Seat above the Ark of the Testimony [that the Lord spoke with Moses].
모세가 증거궤 위 속죄소 위의 두 그룹 사이에서 자기에게 말씀하시는 목소리를 들었으니.(Num7:89)

---

back down~   ~down~

(cpr + 장소)

❸   Then I | came | **back down** the mountain.
      그때 내가 | 왔다 | 산에서 돌이켜 내려.(Dt10:5)

기본형

❶ I | was back down the mountain.   난 | 산 아래로 돌아왔다.

along for~

~for~

(cpr + 활동)

❸   She | came | **along for** the ride.
그녀도 | 왔다 | 탑승에 따라. *재미 삼아 가세했다.

기본형

❶ He | was **along for** a ride.   그는 | 재미삼아 따라 갔다.

around for~

~for~

(cpr + 관념 · 활동)

❸   Great Uncle Algie | came | **around for** dinner.
엘지 할아버지가 | 왔다 | 저녁을 드시러.(1HP125)

기본형

❶ He | was **around for** dinner.   그는 | 저녁 먹으러 왔다.

back for~

~for~

(cpr + 사물)

❸   He | came | **back for** it.
그는 | 왔다 | 그걸 찾아 (사러) 되돌아.

기본형

❶ He | was **back for** it.   그는 | 그걸 가지러 되돌아 왔다.

in for~   ~for~

(cpr + 사람)

❸   You see Chelsea was in for him first, now Arsenal | has come | **in for him.**
    처음에는 첼샤가 그를 대신하여 들고, 이제 아세널이 | 들어왔다 | 그를 대신하여.

기본형

❶ Mary | is in for Peggy tonight.   메리가 | 페기를 대신한다, 오늘 밤.

(cpr + 물건)

❸   You|'ll come | **in for an extra grand.**
    넌 | 될 거야 | 덤으로 천 달러 받게.(NQE)

기본형

❶ You|'re in for 25% of the take.   넌 | 이익의 25%를 갖게 돼.(RH66)

(cpr + 관념 · 활동)

❸   Her work | came | **in for criticism.**
    그녀의 일은 | 되었다 | 비난받게.(ECD162)

[❸] It's natural [that you should | come | **in for criticism**].
     [네가 비판을 받는 것은] 당연하다.(EPV)

❸   He | came | **in for a severe beating.**
    그는 | 되었다 | 늘씬하게 얻어맞게.

[대화]

A : ❸ Would you | like to come | **in for coffee or something?**
     들어오셔서 커피나 뭐 좀 드시겠어요?

B : No, thank you. I'd better be going.
     아뇨, 고맙지만, 그만 가봐야겠군요.(TEPS)

기본형

❶ I | 'm in for trouble.   나 | 곤란하게 되겠군.(NM172)
❶ You | 'll in for it this time.   넌 | 혼날 거야, 이번에는.(1HP165)
❶ I | was in for a drink last night.   나는 | 지난 밤 한 잔 하려고 들렀다.

Joke

A man needing a heart transplant is told by his doctor that the only heart available is that of a sheep. The man finally agrees and the doctor transplants the sheep heart into the man. A few days after the operation, ❸ the man | comes | **in for a checkup**. The doctor asks him "How are you feeling?" The man replies "Not BAAAAD!"

심장수술이 필요한 한 남자가 의사로부터 가용한 것은 양의 심장 뿐이라고 들었다. 그의 동의하에 의사가 양의 심장을 그에게 이식했다. 며칠 수 그 남자가 | 왔다 | 검진 받으러 들어. 의사가 "어떠세요?"라고 물으니 그가 "괜엔엔엔찮아요!"라고 답변했다.

on for~   ~for~

(cpr + 관념 · 활동)

❸ They | came | **on for an encore**.
그들은 | 되었다 | 앵콜에 의해 계속 연주하게.

기본형

❶ They | were on for an encore.   그들은 | 앵콜에 의해 계속 연주했다.

out for~　　　　　　　　　　　　　　　　　　　　　~for~

(cpr + 조직 · 관념)

❸　Most farmers ｜ will come ｜ **out for the present government.** 대부분 농장주들이 ｜ 표명할 것이다 ｜ 현 정부에 대해 지지를.(EPV)

❸　If they ｜ have come ｜ **out for peace**, take them alive; if they ｜ have ｜ come ｜ **out for war**, take them alive.
그들이 ｜ 올찌라도 ｜ 화친하러 나아, 사로잡으라; ｜ 올 찌라도 ｜ 싸우러 나아, 사로잡으라.(1Ki20:18)

기본형

❶　They ｜ were **out for** the team in previous years.
그들은 ｜ 지난해 그 팀을 위해 나섰다.

over for~　　　　　　　　　　　　　　　　　　　　　~for~

(cpr + 관념 · 활동)

❸　A beautiful woman ｜ came ｜ **over for dinner tonight.**
한 예쁜 여인이 ｜ 왔다 ｜ 오늘 만찬에 나아.

[대화]

A :　❸ Why don't you ｜ come ｜ **over for dinners** on Friday?
　　　금요일 저녁식사에 올래?

B :　Sorry, I have other plans.
　　　미안, 다른 계획이 있어.(TEPS)

기본형

❶　My mom ｜ was **over for** dinner, too!　엄마도 ｜ 마찬가지로 만찬에 나오셨다!

together for~
~for~

(cpr + 관념 · 활동)

❸　They ｜ came ｜ **together for** a visit.
그들은 ｜ 왔다 ｜ 방문 차 함께.

기본형

❶　They ｜ were **together for** a vist.　그들은 ｜ 함께 방문했다.

up for~
~for~

(cpr + 관념 · 활동)

❸　He ｜ comes ｜ **up for** reelection (in Dec).
그는 ｜ 한다 ｜ (12월에) 재선에 도전.(NQE)

❸　My business license ｜ comes ｜ **up for** renewal (every five years).　사업 허가증은 ｜ 된다 ｜ (5년마다) 갱신해야.(NQE)

❸　A Picasso like that ｜ seldom comes ｜ **up for** sale.
그 같은 피카소 작품은 ｜ 거의 오지 않아 ｜ 판매용으로 나.(EPV)

❸　The lot ｜ came ｜ **up for** the tribe of Benjamin, clan by clan.　제비는 ｜ 되었다 ｜ 베냐민 지파를 위하여 뽑게, 그 가족대로(Jos18:11)

기본형

❶　Nye ｜'s **up for** reelection (in two years).
나이는 ｜ 재선거에 임한다 (2년후).(Pt367)

❶　This house ｜ is **up for** sale.
이 집은 ｜ 팔려고 나와 있다.(Jack12)

away from~   ~from~

(cpr + 장소)

❸ | Come | **away from** the window.
| 오라 | 창문가에서 떨어져!(RH8) *떨어져라.

❸ | Come | **away from** this place.
| 오라 | 이곳을 떠나. *떠나라.

기본형

❶ | Away from this place. | 이곳을 떠나라.

back from~   ~from~

(cpr + 관념 · 장소)

❸ | Frank | was come | **back from** the war.
프랭크는 | 왔다 | 전쟁에서 돌아.(3HP8)

[❸] | I'll send word for you [| to come | **back from** there].
네가 곧 보내어 너를 [거기서 불러오리라].(Ge27:45)

기본형

❶ I | wasn't back from the war.   난 | 전쟁터에서 돌아와 있지 않았어.(GG54).

down from~   ~from~

(cpr + 장소)

❸ | Then Moses and Eleazar | came | **down from** the

PART 4 - 복합전치사구   159

mountain. 모세와 엘르아살이 | 왔다 | 산에서 내려.(Nu20:28)

❸ A prophet named Agabus | came | **down from** Judea.
한 선지자 아가보라는 자가 | 왔다 | 유대에서 내려.(Ac21:10)

기본형

❶ They | were **down from** the mountain.   그들이 | 산에서 내려왔다.

forth from~   ~from~

(cpr + 장소)

❸ which is like a bridegroom <| coming | **forth from** his **pavilion** >. 〈 그 방에서 나오는 〉 신랑 같고(Ps19:5)

기본형

❶ Zach | is **forth from** the right.   자크는 | 오른 편에서 나와 있다.

in from~   ~from~

(cpr + 장소)

❸ Esau | came | **in from** the open country, famished.
에서가 | 왔다 | 들에서 들어, 피곤하여.(Ge25:29)

❸ This | just came | **in from** the Persian Gulp.
이것은 | 바로 왔다 | 페르시아 만에서 들어.(Ind30)

❸ That evening an old man | came | **in from** his work in the fields.   그 저녁에 한 노인이 | 왔다 | 밭에서 일하다가 들어.(Jdg19:16)

기본형

❶ This | was **in from** Aberdeen.   이것은 | 아버딘에서 들었다.

out from~   ~from~

(cpr + 장소)

❸ Twenty men in armour | came | **out from** the forest.
갑옷의 20명 남자들이 | 왔다 | 숲에서 나.(KA17)

❸ His soldiers | came | **out from** their hiding place.
그들 백성이 | 왔다 | 매복한 데서 나아.(Jdg9:35)

❼ The barber | came | riding | **out from** the innyard.
그 이발사는 | 왔다 | 말타고 | 여인숙 뜰에서 나아.(DQ76)

기본형

❶ They | were **out from** their burrow.   그들은 | 은신처 (굴) 에서 나왔다.

over from~   ~from~

(cpr + 장소)

❸ Her parents | have come | **over from** Canada (to see her).   그녀의 부모는 | 왔다 | (그녀를 보러) 캐나다에서 건너.

기본형

❶ This is my aunt 〈 who | is **over from** Canada 〉.
이 분은 〈 캐나다에서 건너오신 〉 내 숙모이다.(OAD).

up from~

~from~

(cpr + 장소)

❸ Bill | has only come | **up from** the country.
빌은 | 이제 막 왔다 | 시골에서 올라.(EPV)

❸ Streams (or mist) | came | **up from** the earth.
시내 물 (또는 안개) 이 | 왔다 | 땅 속에서 위로.(Ge2:6)

기본형

❶ She | 's **up from** the Valley (for lunch).
그녀는 | 실리콘 밸리에서 왔다 (점심을 하러).(Dis84)

❶ Streams | were **up from** last week's rain and snowmelt.
시내 물은 | 지난주의 비와 눈이 녹은 것에서 상승했다.

along in~

~in~

(cpr + 관념 · 활동)

❸ He | 's coming | **along** very well **in** English.
그는 | 되고 있다 | 영어가 매우 잘 향상.

기본형

❶ The researcher | is well **along in** his study.
그 연구자는 | 연구가 잘 되어가고 있다.

apart in~

~in~

(cpr + 물건)

❸   To break something is to make it [| come | **apart in pieces**]. 무엇을 부순다는 것은 그것이 [조각조각 떨어지게] 하는 것이다.

기본형

❶ The engine | was apart in pieces.   엔진이 | 완전히 부서졌다.

around in~

~in~

(cpr + 물건)

❸   Cinderella | came | **around in** her blue gown.
신데렐라는 | 왔다 | 푸른 가운을 입고 주위로.

기본형

❶ She | was around in her blue gown.   그녀는 | 푸른 가운을 입고 주위에 있었다.

back in~

~in~

(cpr + 관념 · 활동)

[❸]   He practiced his playing every single day, hoping [| to come | **back in glory** some day].
그는 [언젠가 멋지게 컴백할 거란 기대를 갖고] 매일 연습했다.(NQE)

[❸]   Long hair seems [| to be coming | **back in fashion**].
긴 머리가 [다시 유행하고 있는 것] 같다.(EPV)

PART 4 – 복합전치사구   163

③　We |'ve gone | **back in time**.
　　　우린 | 온 거야 | 과거로.(3HP395)

기본형

❶　It looks like [we |'re **back in** business]! 　[우리 다시 일하게 되는 것] 같아!

(cpr + 장소)

③　　| Come | **back in here**.
　　　| 오라 | 이 안으로 돌아.(3HP30)

기본형

❶　| **Back in** here.　　　　　| 이 안으로 돌아와!

down in~　　　　　　　　　　　　　　　　~in~

(cpr + 사물)

③　Then the LORD | came | **down in** a pillar of cloud;
　　여호와께서 | 오셨다 | 구름 가운데로 강림하여.(Nu12:5)

③　He | has come | **down in** the world.
　　그는 | 되었다 | 세상에서 낮아지게. *지위, 신세가 나빠지다.

[③]　From his appearance, you could see [he | has really come | **down in** the world].
　　너는 그의 겉모습만 봐도, [그 사람 신세가 처량해졌다는 걸] 알 수 있다.(NQE)

③　Vegetables | have come | **down in** price this week.
　　채소가 | 되었다 | 이 번 주 값이 내리게.

기본형

❶　He | is **down in** the world.　　　　그는 | 신세가 처량하다.
❶　Vegetables | is **down in** price.　　채소가 | 값이 내려있다.

out in~

~in~

(cpr + 사람)

⟨❸⟩ It's just your mother's gene ⟨ | coming | **out in you** ⟩.
그건 ⟨ 네게 그대로 물려받은 ⟩ 네 어머니의 유전인자이야.(6HP475)

⟨❸⟩ That's my mother's overblown romantic imagination ⟨ | coming | **out in me** ⟩.
그건 ⟨ 내가 그대로 물려받은 ⟩ 어머니의 과도한 낭만적 상상력이다.(LOF58)

기본형

❶ It | 's <u>out in</u> me.   그건 | 내 안에 물려받았다.

(cpr + 물건)

❸ I | come | **out in rashes** after eating eggs.
나는 | 된다 | 두드러기가 나게, 계란을 먹으면.

❸ Kenneth Towler | came | **out in boils**.
케네스 타울러는 | 되었다 | 온 몸에 종기가 나게.(5HP226)

❸ Our baby | has come | **out in spots**.
우리 아기가 | 되었다 | 부스럼이 나게.

❸ I | come | **out in a rash** if I eat chocolate.
나는 | 된다 | 뾰루지가, 내가 초콜릿을 먹으면.

[❸] John! You don't want [| to come | **out in shorts**]!
존! 넌 [속옷만 입고 나오] 려는 건 아니겠지!(NQE)

기본형

❶ The infant | was <u>out in</u> a rash.   아기는 | 발진이 났다.

(cpr + 관념 · 활동)

❸ The governor | came | **out in favor** of tax breaks.
지사는 | 했다 | 감세에 호의적이라고 발표.

❸ His arrogance | came | **out in his speech.**
그의 오만함이 | 되었다 | 그의 연설 속에 드러나게.

❸ Everything will | come | **out in the wash.**
모든 게 | 될 거야 | 빨래로 지워지게. *잘 해결될 거야.

❸ His anger | came | **out in his curt refusal** to answer.
그의 화는 | 되었다 | 단적인 대답 거절에 나타나게.(NQE)

[대화]

A : ❸ Oops, I split some coffee on your pants.
이런, 내가 네 바지에 커피를 흘렸군.

B : Don't worry, it | 'll come | **out in the wash.**
걱정 마, 세탁하면 없어질 거야.(TEPS)

기본형

❶ He | was <u>out in</u> the rain. 그는 | 밖에서 비를 맞고 있었다.
❶ He | is <u>out in</u> favor of tax breaks. 그는 | 공개적으로 감세에 호의적이다.
❶ Everything | was <u>out in</u> the wash. 모든 게 | 빨래로 지워졌다. *잘 해결되었다.

through in~ ~in~

(cpr + 관념·활동)

❸ The parents' tenderness | comes | **through in their facial expressions.**
부모의 부드러움은 | 된다 | 얼굴표정에서 드러나게.

기본형

❶ It | is <u>through in</u> their facial expressions.
그것은 | 얼굴표정에서 드러난다.

up in~   ~in~

(cpr + 장소; world)

❸   He | had come | **up in the world.**
    그는 | 되었다 | 출세하게.(ECD1179)

❸   With my new promotion I |'ll soon be coming | **up in the world.**   내가 새로 승진하면, 나는 | 곧 될 거야 | 더 나은 생활을 하게.(EID)

기본형

❶ He | was up in the world.   그는 | 출세했다.

back inside~   ~inside~

(cpr + 장소)

❸   He | came | **back inside the room.**
    그는 | 왔다 | 방안에 되돌아.

기본형

❶ He | was back inside the room.   그는 | 방안에 돌아가 있었다.

down inside~   ~inside~

(cpr + 장소)

[❸]   He made them [| come | **down inside their camp**, all around their tents].
    그는 그들을 [그들의 캠프 안에서, 그들의 텐트 주위에서 넘어지게] 하셨다.(Ps78:28)

기본형

❶ They | were down inside the camp.　그들이 | 진중에서 넘어졌다.

from inside~　　　　　　　　　　　　~inside~

(cpr + 장소)

❸ They | came | **from inside** the mill.
그들은 | 왔다 | 그 방앗간 안에서부터.

기본형

❶ He | is from inside Cuba.　그는 | 쿠바 내부에서 왔다.

out into~　　　　　　　　　　　　~into~

(cpr + 장소)

❷ I | came ‖ **out into** the ground-floor hall.
나는 | 왔다 ‖ 1층 홀에 나.

❷ The players of both the teams | came ‖ **out into** the grounds.　양 팀 선수들이 | 왔다 ‖ 운동장으로 나.

up into~　　　　　　　　　　　　~into~

(cpr + 장소 · 물건)

❷ The Nile will teem with frogs. They | will come ‖ **up into**

your palace and...
나일 강은 개구리가 가득찰 것이다. 그들이 | 올 것이다 ‖ 네 궁전   안으로 올라.(Ex8:3)

[❷] Ahab had him [| come ‖ **up into his chariot**].
아합 왕이 그를 [병거 안에 올라오게] 하였다(1Ki20:33)

ahead of~
~of~

(cpr + 사람)

❸ She | came | **ahead of Sonia Gandhi**,...
그녀는 | 되었다 | 소니아 간디를 앞서게,...

❼ The opposition candidate | came | out | **ahead of the incumbent president** in the presidential election.
야당후보가 | 되었다 | 나게 | 앞서 | 대선에서 현직 대통령을.(NQE)

기본형

❶ Three boys | were ahead of us.   세 소년이 | 우리 앞서 있어.

off of~
~of~

(cpr + 장소)

❸ Hey, | come | **off of that fence!**
야, | 오라 | 담장에서 떨어져! *담장에서 내려와.

❸ This piece | came | **off of the wall**.
이 조각이 | 왔다 | 벽에서 떨어져.(NQE)

기본형

❶ He | was off of the porch now.   그는 | 이제 현관을 벗어났다.

out of~

~of~

(cpr + 신체)

❸　Do not let any unwholesome talk [| come | **out of** your mouths].　더러운 말은 [입 밖에 나오지] 않도록 해라.(Eph4:29)

(cpr + 물건)

[❸]　I'm wondering [if he | will come | **out of** his shell].
난 [그가 마음을 터놓고 잘 어울릴지] 모르겠어. *외향적이 되다.

❸　The sword | came | **out of** the stone.
그 검이 | 왔다 | 돌에서 빠져 나.(KA3)

❸　His shirt | came | **out of** his trousers.
그의 셔츠는 | 와 있었다 | 바지에서 비죽이 나.

❸　A strange buzzing sound | came | **out of** the television.
윙 하는 이상한 소리가 | 왔다 | 텔리비전에서 나.(EPV)

❼　| Come | in | **out of** the rain.
| 오너라 | 안으로 | 비를 피해.

기본형

❶　| Out of those wet clothes!　　| 젖은 옷 벗어!
❶　| Out of the rain.　　　　　　 | 비를 피해라.

(cpr + 관념 · 활동)

❸　Nothing | will come | **out of** all this talk.
아무 것도 | 오지 않을 것이다 | 이런 이야기에서 나.

❸　No concrete agreement | came | **out of** the meeting.
아무런 확실한 합의도 | 오지 않았다 | 그 모임에서 나.(NQE)

기본형

❶　Nothing | will be **out of** this.　아무 것도 | 이것에서 나오지 않아.

(cpr + 장소)

❸ He | came | **out of there**.
그는 | 왔다 | 거기서 나.

❸ Madonna | came | **out of nowhere**. in the early 1980's.
마돈나는 | 되었다 | 1980년대 초 갑작스레 나타나게.

❸ The train | came | **out of the long tunnel**.
그 기차는 | 나왔어 | 긴 터널에서.

❸ After he | came | **out of Leah's tent**, he entered Rachel's tent.
라반이 | 와서 | 레아의 장막에서 나, 라헬의 장막에 들어갔다.(Ge31:33)

❸ The Israelites | came | **out of Egypt**.
이스라엘인들이 | 왔다 | 애굽 땅에서 나.(Nu33:38)

[❼] I see a spirit [| coming | **up** | **out of the ground**].
내가 신이 [땅에서 올라오는 것을] 보았습니다.(1Sa28:13)

❼ An arm | came | **up** | **out of the water**.
한 팔이 | 왔다 | 올라 | 물 밖으로.(KA37)

[❼] He saw an arm [| came | **up** | **out of the water**].
그는 한 팔이 [물 밖으로 올라 오는 것] 을 보았다.(KA7)

기본형

❶ He | was out of there.   그는 | 그곳에서 나와 있었다.
❶ The train | was out of the tunnel.   그 기차는 | 터널에서 나왔다.
❶ An arm | was out of the water.   한 팔이 | 물 밖에 나와 있었다.

along on~   ~on~

(cpr + 관념 · 활동)

❸ He | came | **along on the expedition**.
그는 | 왔다 | 그 원정에 따라.

PART 4 - 복합전치사구   171

기본형

❶ He | was <u>along on</u> the wonderful trip.   그는 | 경이적인 여행에 따랐다.

back on~   ~on~

(cpr + 사물)

[❸]   He | came | **back on** the battlefield.
       그는 | 왔다 | 전장 터에 다시 돌아.

기본형

❶ He | was <u>back on</u> the battlefield.   그는 | 전장 터에 돌아와 있다.

down on~   ~on~

(cpr + 사람)

❸   My boss | came | **down on me** very harshly.
    상사는 | 왔다 | 매우 호되게 날 내려 밟아.(EPV) *꾸짖다.

❸   They | came | **down on him** (for immediate payment).
    그들은 | 왔다 | 날 압박하여 (곧 지불하라고).

❸   He | came | **down on me** (for the payment of five thousand dollars which I had owed him).
    그는 | (5,000달러 빚진 것을 갚으라고) 내게 압박했다.

❸   The enemy | came | **down on them** (from behind).
    적이 | 왔다 | 그들에게 압박하여 | (뒤에서).

❸   My parent | really came | **down** hard **on me**.
    우리 부모님은 | 진짜 되었다 | 나에게 몹시 꾸짖게.(EID)

기본형

❶ He | is very **down on** me.   그는 | 몹시 나를 미워한다 (압박한다).
❶ The police | was **down** hard **on** him.   경찰이 | 그에게 심하게 다뤘다.

(cpr + 물건·관념)

❸ Can you | come | **down** any further **on this**?
당신 | 올 수 있어요 | 이것에서 좀 더 낮추어? *깎아줄 수 있어요?

❸ Can you | come | **down on** the price?
당신은 | 올 수 있어요 | 가격에서 낮추어?(ECD340) *깎아 주겠어요?

❸ Then birds of prey | came | **down on** the carcasses, but Abram drove them away.
솔개가 | 왔다 | 그 사체 위에 내려, 그러나 아브람이 그것을 쫓아 보냈다.(Ge15:11)

기본형

❶ He | was **down on** the price.   그는 | 가격을 낮추었다.

(cpr + 장소)

❸ You | came | **down on** Mount Sinai; you spoke to them from heaven.
당신은 | 오셨다 | 시내 산에 강림하여; 하늘에서 부터 저희와 말씀하셨다.(Ne9:13)

❸ A squall | came | **down on** the lake.
한 광풍이 | 왔다 | 호수로 내리쳐.(Lk8:23)

기본형

❶ He | was **down on** the ground.   그는 | 땅위에 넘어졌다.

in on~

~on~

(cpr + 관념 · 활동)

❸　Will you | come | **in on** this deal?
　　너도 | 하겠니 | 이 거래에 끼이도록?(NQE)

[❸]　Do you mind [if I | come | **in on** your discussion].
　　내가 [너희들 토론에 네가 끼어도] 되겠니?(EPV)

❸　The fish | was coming | **in on** his circle.
　　그 물고기는 | 오고 있었다 | 원을 그리면서 다가.(O&S116)

기본형

❶　They | were all **in on** the deal.　　그들은 | 모두 그 거래에 관여했어.(Pt245)
❶　I | am not **in on** it.　　난 | 그 일에 가담 안 했어.(T112)

off on~

~on~

(cpr + 관념 · 활동)

❸　The trip | came | **off on** schedule.
　　그 여행은 | 되었다 | 계획대로 떠나게.

기본형

❶　He | was | **off on** schedule.　　그는 | 계획대로 떠났다.

out on~   ~on~

(cpr + 물건·장소)

❸   The movie | came | **out on video**.
  그 영화는 | 되었어 | 비디오로 나오게.

❸ | Come | **out on the porch** and I'll tell you.
  | 와요 | 응접실에 나, 내가 말해 줄 테니.(GWW163)

❸   In the spring the leaves | come | **out on the trees**.
  봄에 잎들이 | 된다 | 나무에 나오게. *잎이 피다.

기본형

❶ The movie | was <u>out on</u> video.   그 영화는 | 비디오로 나왔다.
❶ In a few hours, he would be <u>out on</u> the Quidditch field.
  몇 시간 후, 그는 퀴디치 경기장에 나가 있을 것이다.(3HP174,407)
❶ The leaves | are <u>out on</u> the trees.   잎들이 | 나무에 나와 있다.

together on~   ~on~

(cpr + 관념·활동)

❸   I hope [we | can come | **together on this**].
  나는 [이 문제에 대해 합의를 이룰 수 있으면] 좋겠다.(NQE)

기본형

❶ We | are <u>together on</u> this issue.   우린 | 이 문제에 입장이 같다.

up on~
~on~

(cpr + 장소)

❸ A furious storm | came | **up on** the lake.
한 강한 폭풍이 | 왔다 | 호수 위에 올라.(Mt8:24)

[❸] ... they also made frogs [| come | **up on** the land of Egypt]. 그 (술객) 들도 개구리를 [애굽 땅에 올라오게] 하였더라.(Ex8:7)

기본형

❶ Frogs | are **up on** the land.   개구리들이 | 땅에 올라와 있다.

back onto~
~onto~

(cpr + 신체 · 장소)

[❷] He issued written orders [that the evil scheme Haman had devised against the Jews | should come ‖ **back onto** his own head].
왕은 [하만이 유다인을 해하려던 악한 꾀가 그 자신의 머리에 돌아 오도록 하는] 조서를 발행했다.(Est9:25)

❷ I | came ‖ **back onto** the balcony.
나는 | 왔다 ‖ 다시 발코니 위로 다시.

down over~
~over~

(cpr + 신체)

❰❸❱ You | should wear something ⟨ that | comes | **down**

over your knees 〉.
너는 〈 네 무릎을 덮어 내려오는 〉 옷을 입어야 한다. (NQE)

기본형

❶ The mask | was **down over** her face.   마스크가 그녀 얼굴을 내려덮었다.

out over~   ~over~

(cpr + 장소)

❸ The ship | came | **out over** the water.
   그 배는 | 나왔다 | 바깥 물가로 나.

기본형

❶ He | was **out over** the Irish Sea.   그는 | 아일리시 바다 너머 나가 있었다.

back through~   ~through~

(cpr + 장소)

❸ He | came | **back through** the doors.
   그는 | 왔다 | 다시 문을 통해.

기본형

❶ He | was **back through** the fortress.   그는 | 요새를 통해 되돌아왔다.

down through~
~through~

(cpr + 장소)

❸ He | came | **down through** the grounds.
그는 | 왔다 | 정원을 통해 내려.

기본형

❶ He | was <u>down through</u> the earthward gateway.
그는 | 동쪽 문을 통해 내려왔다.

in through~
~through~

(cpr + 장소)

❸ Morning sunlight | was coming | **in through** the cave's mouth. 아침 햇살이 | 오고 있었다 | 동굴 입구를 통해 들어.(CN656)

[❸] We know [he |'s not coming | **in through** Honeyduke's].
우린 [그가 호니듀크 가게를 통해 들어오지 않는 걸] 알아.(3HP270)

❼ A voice | came | floating | **in through** the train's open door. 소리가 | 왔다 | 떠오르듯이 | 열차의 열린 문을 통해 들려.(1HP95)

기본형

❶ He | was <u>in through</u> those church doors every time they opened.
그는 | 교회 문들을 통해 들어갔다, 문들이 열릴 때마다.

across to~

~to~

(cpr + 장소)

❸ They | came | **across to the other side** of the mountain.
그들은 | 왔다 | 산의 다른 면에 가로 질러.

기본형

❶ He | was **across to** the other platform, followed by the girl.
그는 | 다른 플랫폼에 건너가 있었다, 그 소녀가 뒤따르고.

along to~

~to~

(cpr + 사람)

[❸] He told me [that he | was coming | **along to you**].
그는 내게 [그가 내게 따라 오고 있었다고] 말했다.

❸ More information | will be coming | **along to you**.
더 많은 정보가 | 갈 거야 | 네게 따라.

기본형

❶ It | will be **along to** someone shortly. 그건 | 곧 누구에게 인지 따라 갈 거야.

(cpr + 관념·장소)

❸ I | 'll come | **along to your room**.
내가 | 갈게 | 네 방에 따라.(1LR184)

❸ Why doesn't your brother | come | **along to the training session?**
왜 네 형제는 | 오지 않니 | 훈련시간 (수업) 에 따라?(DPV62)

기본형

❶ I | will be <u>along to</u> the room very soon. 나 | 곧 방으로 따라 갈게.
❶ Will he | be <u>along to</u> the meeting of the housing committee this evening? 그는 | 저녁 주거위원회의에 따라 갈 건지?(DPV)

around to~   ~to~

(cpr + 사람)

❸ He | is coming | **around to** me (to my opinion).
     그는 | 오고 있다 | 나 (내 의견) 주위로 지향하여. *동조하다.

기본형

❶ Jimmy | was <u>around to</u> us all. 지미가 | 우리 모두에게 들렀다.

(cpr + 관념 · 활동)

❸ She | finally came | **around to** our viewpoint.
     그녀는 | 결국 되었다 | 우리 의견 주위로 지향하게. *동조하다.

[❸] I'm afraid [Dad | will never come | **around to** our way of thinking]. 나는 [아버지가 결코 우리 생각에 동조하지 않을 것이] 걱정이야.

기본형

❶ We | are <u>around to</u> our first media release for this year's Shoreham Airshow   우리는 | 쇼햄 에어쇼의 첫 언론 공개에 동조했다.

(cpr + 장소)

❸ I | 'd like to come | **around to** your house sometime.
     나는 | 오고 싶다 | 언젠가 네 집에. *방문하고 싶다.

기본형

❶ He | was **around to** my house (on the bike).
그가 | 우리집에 들렀다 (자전거를 타고).

away to~ ~to~

(cpr + 장소)

❸ She | came | **away to the Tower** of London.
그녀는 | 왔다 | 런던 탑으로 멀리.(KA34)

기본형

❶ He | was **away to** the kitchen.   그는 | 부엌 쪽에 떨어져 있었다.

back to~ ~to~

(cpr + 사람·정신)

❸ We will worship and then we | will come | **back to you**.
우리가 경배하고, 올 것이다 | 너희에게 돌아.(Ge22:5)

❸ Her name | did not come | **back to me**.
그녀의 이름이 | 오지 않았다 | 내게 돌아. *기억나지 않았다.

❸ It | 's all coming | **back to me** now.
그것이 | 모두 오고 있다 | 내게 이제 돌아. *이제 모두 기억난다.

❸ | Come | **back to your senses** as you ought, and stop sinning; | 오라 | 본래 네 정신으로 돌아, 그리고 죄를 짓지 말라.(1Co15:34)

기본형

❶ I | will be **back to you**.   나는 | 네게 돌아올 거야.

(cpr + 장소)

❸   We | were coming | **back to** the hotel.
우리는 | 오고 있었어 | 호텔로 돌아.

❸   They all | came | **back to** the land of Judah,...
그 모든 유다인들이 | 왔다 | 유다 땅에 돌아.(Jer40:12)

[대화]

A :   ❸ When are you | coming | **back to** Korea?
언제 당신은 한국에 돌아갈 겁니까?

B :   ❸ I | 'm coming | **back to** Korea next year.
내년에 한국으로 돌아갈 겁니다.(SMV)

기본형

❶   I | will be **back to** Seoul next year September.
나는 | 내년 9월에 서울에 돌아갈 것이다.

down to~   ~to~

(cpr + 사람 · 신체)

❸   I | 'm coming | **down to you**.
나는 | 오고 있어 | 네게 내려.(2LR237)

❸   With my father's death, it | has come | **down to me** [to support my family].
부친사망으로, [가족부양이] | 돌아왔어 | 네 책임으로.

❸   The custom | has come | **down to us**.
그 풍습은 | 오고 있다 | 우리에게 전해 내려.

❸   Her hair | came | **down to** her shoulders.
그녀의 머리칼이 | 왔다 | 그녀 어깨까지 내려.

❸   Her hair | came | **down to** her waist.
그녀의 머리칼이 | 왔다 | 그녀 허리까지 내려.

기본형

❶ It│'s **down to** him [to support his family].
[가족을 부양하는 것] 은 │ 그의 책임이야.(DOD)
❶ The tie │ was **down to** the second button.
넥타이는 │ 두 번째 단추까지 풀어져 있었다.(Pel273))

(cpr + 관념·활동)

❸ It │ comes │ **down to** the same thing.
그건 │ 된다 │ 결국 그것과 같은 것이. *결론은 같다.

❸ It │ comes **down to** this: the man is a cheat.
그것은 │ 된다 │ 이처럼: 그 사람은 사기꾼이다.

❸ When you │ come │ right **down to** it, you have to admit I'm correct.
네가 │ 된다면 │ 그것에 바로 직면하게, 내가 옳다는 것을 인정해야 한다.

❸ She │ came │ **down to** breakfast at eight.
그녀는 │ 왔다 │ 8시에 조반을 들려고.

기본형

❶ It │ was **down to** the same thing.   그건 │ 결국 같은 것이었다.
❶ She │ was **down to** dinner on Christmas.
그녀는 │ 크리스마스 만찬에 가 있었다.

(cpr + 장소)

❸ Would you │ please come │ **down to** earth?
너 │ 제발 오지 않겠니 │ 지상에 내려?(EID) *제발 정신 좀 차릴 수 없니?

❸ The boys │ came │ **down to** the riverside.
소년들은 │ 왔다 │ 강가로 내려.(EJD)

[대화]

A : ❸ Why don't you │ come │ **down to** my office?
내 사무실로 오는 게 어때?

B : O. K. I'll be there right away.
알겠어요, 지금 당장 갈게요.(TEPS)

기본형

❶ The next morning he | was **down to** the school.
다음날 아침 그는 | 학교에 내려가 있었다.

from~ to~ ~to~

(cpr + 장소)

❷ By the word of the LORD a man of God | came ‖ **from Judah to Bethel.**
여호와의 말씀으로 인하여 하나님의 사람이 | 왔다 ‖ 유다에서 부터 벧엘에.(1Ki13:1)

❷ Then Jesus | came ‖ **from Galilee to the Jordan** [to be baptized by John].
그때에 예수께서 | 오셨다 ‖ 갈릴리에서 요단강에, [요한에게 세례를 받으려].(Mt3:13)

in to~ ~to~

(cpr + 관념 · 활동)

❸ They | came | **in to breakfast.**
그들은 | 왔다 | 조반하러 들어.

기본형

❶ I | was **in to breakfast** (with him today).
나는 | (오늘 그와) 조반을 했다.

on to(onto*)~ ~to~

(cpr + 사람)

❸ | Don't be coming | **on to me**.
　| 두지 마라 | 내게 관심. *주목하지 마라.

[❸] What are you trying [| to come | **on to me**]? Take a hike, bozo.　[나한테 추근대기 위해] 넌 뭘하는 거야? 꺼지라구, 멍청이.(NQE)

[❸] He was trying [| to come | **on to me** during the party].
　그는 [파티에서 내게 (성적으로) 집적거리려] 하고 있었다.

기본형

❶ I | am <u>on to</u> you.　　난 | 너를 주목해.
❶* The feds | must be <u>onto</u> me.　FBI가 | 틀림없이 날 주목하고 있다.

(cpr + 물건·장소)

❷* The horses | are coming || **onto the track** (for parade).
　말들이 | 오고 있어 || 트랙 쪽으로 (퍼레이드를 위해).(Champ)

out to~ ~to~

(cpr + 사물)

❸ | Come | **out to the Tent** of Meeting, all three of you.
　| 오라 | 회막으로 나아, 너희 삼인 모두.(Nu12:4)

❼ Will you | come | **out to dinner** | with me?
　당신은 | 오겠어요 | 식사하러 밖에 | 나와 함께?

기본형

❶ If anyone calls for me, tell him or her [that I | 'm <u>out to</u> lunch].
　나한테 전화 오면 [내가 점심 먹으러 나갔다고] 말해 줘.(EID)

over to~　　　　　　　　　　　　　　　　　　　　　　~to~

(cpr + 사람)

❷　　| Coming ‖ **over to us**, he took Paul's belt,
　　　| 와서 ‖ 우리 너머로, 그는 바울의 띠를 취했다.(Ac21:11)

[대화]

A :　❷ Can I | come ‖ **over to your place** tonight?
　　　오늘 밤 네 집에 들러도 될까?

B :　Sorry, I'm expecting a guest.
　　　미안, 손님이 올 거야.(TEPS)

(cpr + 장소)

❷　　| Come ‖ **over to Macedonia**.
　　　| 오라 ‖ 마케도니아 너머로.(Ac16:9)

❸　　He | came | **over to our side**.
　　　그는 | 왔다 | 우리 옆 너머로.(NQE) *우리 편이 되었다.

기본형

❶　I | was **over to** his side.　　나는 | 그의 옆 너머에 있었다.

up to~　　　　　　　　　　　　　　　　　　　　　　~to~

(cpr + 사람)

❷　　A pretty girl | came ‖ **up to me**.
　　　예쁜 소녀가 | 왔다 ‖ 내게 다가.

❷　　Now a man | came ‖ **up to Jesus** and asked,
　　　어떤 사람이 | 왔다 ‖ 예수께 다가 와서, 물었다.(Mt19:16)

(cpr + 신체)

❸ The water | came | **up to** my knees.
물이 | 왔다 | 내 무릎까지 차.

❸ The waters | have come | **up to** my neck.
물들이 | 왔다 | 내 목까지 올라.(Ps69:1)

❸ The water | came | **up to** my waist.
물이 | 왔다 | 내 허리까지 차.

기본형

❶ It (water) | was about **up to** his knees.   물이 | 그의 무릎까지 찼다.(CN267)
❶ His shoulders | were **up to** his ears.   그의 양어깨가 | 귀까지 올라갔다.

(cpr + 관념 · 활동)

❸ They | 're coming | **up to** scratch.
그들은 | 되어 있다 | 원점에서 시작하게.(5HP307)

❸ Your work | doesn't come | **up to** our standards.
네 일은 | 못해 | 우리의 수준에 미치지.

❸ His speech | didn't come | **up to** my expectation.
그의 연설이 | 되었다 | 내 기대에 못 미치게.(NQE)

❸ The sale total in this year | won't come | **up to** that of last year.   올 해 매출은 | 못할 거야 | 작년 매출에 미치지.(NME159)

기본형

[❶] I hope [this year's batch of Gryffindors | are **up to** scratch].
난 [올해 그리핀도르 학생들은 | 원점에서 시작하기] 원해.(4HP159)

❶ This new play | is not **up to** his earlier standards.
이 새로운 극은 | 그의 이전 수준에 미치지 못해.

❶ The taste | was not **up to** my expectation.
그 맛이 | 내 기대에 못 미쳤다.

(cpr + 장소)

❸ The water | came | **up to** the floor.
　　물이 | 찼다 | 마루 위에까지.

기본형

> ❶ The sun flowers | are **up to** the top of the kitchen window.
> 　그 해바라기는 | 부엌 창문의 꼭대기까지 도달해 있어.

down toward~　　　　　　　　　　　　　　　~toward~

(cpr + 사람·장소)

❷ The enemy | came ‖ **down toward** him, Elisha prayed to the LORD.
　　적이 | 왔다 ‖ 그를 향해 내려, 엘리사는 여호와께 기도했다. (2Ki6:18)

❸ He | came | **down toward** the sea coast.
　　그는 | 왔다 | 해안을 향하여 내려.

기본형

> ❶ He | was **down toward** the end. 그는 | 끝을 향해 내려 있었다.

from under~　　　　　　　　　　　　　　　~under~

(cpr + 장소)

❸ It | came | **from under** the bridge.
　　그것이 | 왔다 | 다리 아래에서.

❼ All the nations of the earth | came | <u>out</u> | **from under its shade** and left it.

세상 모든 나라들이 | 와서 | 나 | 그 그늘 아래에서, 그를 떠났다.(Eze31:12)

기본형

❶ The only flow of water | was **from under** the tree itself.
유일한 물의 흐름은 | 나무 그 자체 아래에서였다.

back up~ ~up~

(cpr + 장소)

[❸]　It was nice [| to come | **back up** here].
　　[여기 위로 돌아온 것은] 좋았다.

기본형

❶ Mum | 'll be **back up** here.　엄마가 | 이 위로 돌아올 거야.(5HP99)

across with~ ~with~

(cpr + 사물)

❸　When will you | come | **across with** the money?
　　언제 넌 | 줄래 | 그 돈을 돌려?

❸　The informer | came | **across with** the names of his accomplice in the bank robbery.
　　그 밀고자는 | 했다 | 은행강도 공범의 이름을 실토.

기본형

❶ I | was **across with** the biggest smile on my face imaginable.
나는 | 내 얼굴에 상상할 수 있는 가장 큰 미소를 띠웠다.

PART 4 – **복합전치사구**

along with~

~with~

(cpr + 사람)

③ **I** | Come | **along with** me.
| 와라 | 나를 따라.

③ Would you | like to come | **along with** me if the weather is good? 당신은 | 오시겠어요 | 날 따라, 날씨가 좋으면?

③ Why should you | come | **along with** us?
왜 너는 | 오느냐 | 우리와 함께?(2Sa15:19)

⑥ May I | come | **along with** you ǁ to the movies?
나는 | 와도 좋습니까 | 당신과 같이 따라 ǁ 영화 보러?

⑦ Horses | came | trotting | **along with** them.
말들이 | 왔다 | 달려 | 그들을 따라.(CN408)

기본형

❶ I | am **along with** him.   나는 | 그와 함께 같이 있다.

away with~

~with~

(cpr + 사람)

③ Will you | come | **away with** me?
너 | 오지 않을 래 | 나와 같이 떠나? (THP14)

기본형

❶ He | was **away with** the kid.   그는 | 아이를 데리고 떠나있었다.

(cpr + 사물)

③ | Come | **away with** it!
| 해라 | 그것을 말하도록.

❸ **What kind of impression** did you | come | **away with** ∨?
   넌 | 되었니 | 어떤 인상이 남게?(EPV)

기본형

❶ | Away with it!　　　　　| 그것 말해라!

---

back with~   ~with~

(cpr + 사람 · 관념)

❸　| Then come | **back with me**.
   | 그렇다면 가자 | 나와 함께 되돌아.(TC74)

❸　She | came | **back with a sharp riposte**.
   그녀는 | 쳤다 | 재치 있는 응수로 받아.

기본형

❶ He | was back with the Durselys.
   그는 | 다시 더즐리 가족과 함께 있었다.(2HP5, 5HP821)
❶ She | was back with an answer presently.　그녀는 | 곧 대답을 했다.

---

down with~   ~with~

(cpr + 사람)

❸　Unless your youngest brother | comes | **down with you**, you will not see my face again.
   말째 아우가 | 오지 않으면 | 너희와 같이 내려, 너희는 다시 내 얼굴을 보지 못하리라.(Ge44:23)

기본형

❶ He | was down with me.   그는 | 나와 함께 내려와 있었다.

(cpr + 관념)

❸ She | came | down with the flu.
그녀는 | 되었다 | 독감에 걸려 아프게.(NQE)

[❸] I think [I | 'm coming | down with a cold].
난 [감기에 걸려 좋지 않은 것] 같아요.(ECD286)

[대화]

A : ❸ Are you | coming | down with something?
너 몸이 좀 안 좋으니?

B : Yes, I have a fever.
응, 열이 나.(TEPS)

기본형

❶ He | 's still down with fever.   그는 | 여전히 열병으로 아파.(OOA124)

forth with~   ~with~

(cpr + 관념 · 활동)

[❸] The police asked us [| to come | forth with information].
경찰은 우리에게 [정보를 제공할 것] 요구했다.(EPV)

기본형

❶ He | was forth with a letter.   그는 | 한 서신을 소지하고 나아갔다.

forward with~

~with~

(cpr + 관념 · 활동)

❸ She | came | **forward with a new idea**.
그 여자가 | 되었다 | 새 아이디어를 제시하게.(NQE)

❸ That young fellow | came | **forward with a brilliant proposal**. 저 젊은 친구가 | 되었다 | 멋진 제안을 내게.(EPV)

기본형

❶ He | was **forward with** some options. 그는 | 약간의 옵션을 제시했다.

in with~

~with~

(cpr + 사람)

❸ | Come | **in with me**.
| 가자 | 나와 함께 들어.(KA16)

❸ Bellatrix and her husband | came | **in with Barty Crouch**.
벨라트릭스와 남편은 | 되었다 | 바티 크라우치와 손잡게.(5HP114)

기본형

❶ I | am **in with** him. 난 | 그와 친한 사이야.(4HP127)
❶ He | is (well) **in with** his boss. 그는 | 상사와 (잘) 지내.

(cpr + 사물)

❸ The father | came | **in with a lot of Christmas presents**.
그 아버지는 | 왔다 | 많은 성탄 선물들을 가지고 들어.(CC54)

❸ Just then Zebra | came | skating | **in with a wheelbarrow** (full of bulging burlap bags).

바로 그때 지브라가 | 왔다 | 롤라 스케이트를타고 | (불룩한 삼베백이 가득 찬) 손수레를 가지고 들어.(SPS)

기본형

[❶] Are you sure [that the paint bomb | is **in with** the money]?
너 [페인트 폭탄을 돈과 함께 넣은 것이] 확실하지?(Spe150)

off with~   ~with~

(cpr + 관념)

[❸] He was lucky [| to come | **off with just a few bruises**].
그는 [약간의 찰과상만 입고 떠나게 된 것이] 행운이었다.

기본형

❶ He | was off with only a fine.   그는 | 벌금만 물고 떠나왔다.

on with~   ~with~

(cpr + 관념 · 활동)

❸ How are you | coming | **on with your study** of English?
어떻게 너는 | 있니 | 영어공부가 되어가고? *영어공부 잘되니?

기본형

❶ | On with your work. | 해라 | 일(공부)를 계속.

out with~

~with~

(cpr + 사람)

❸ Are you | coming | **out with** me?
너 | 오겠니 | 나와 함께 나?

❸ They | came | **out with** all their troops.
그들이 | 왔다 | 그 모든 군대를 거느리고 나.(Jos11:4)

기본형

❶ {When} I |'m <u>out with</u> Kanuthia, we didn't use them.
내가 | 카누티아와 다닐 {때} 그것 (천막) 을 사용 안했오.(OOA146)

(cpr + 사물)

❸ I Come | **out with** it.
| 해라 | 그걸 말하도록. *똑바로 말해!

❸ He | came | **out with** the most useful suggestion.
그는 | 되었다 | 가장 쓸모 있는 제안을 내게.

❸ He | came | **out with** a strong disapproval.
그는 | 되었다 | 강하게 반대하게.(NQE)

[❸] I hope [the writer | will come | **out with** a sequel].
나는 [이 작가가 속편을 썼으면] 좋겠는데.(NQE)

❸ The band | came | **out with** a new album.
그 밴드는 | 되었다 | 새 앨범을 발표하게.(EID)

❸ Our company | came | **out with** an up-to-date-minute notebook computer last year.
우리 회사는 | 했다 | 작년에 최신형 노트북 컴퓨터를 출시.(ECD783)

❸ Janet | came | **out with** the fact [that the family was moving to L.A.].
자넷은 | 되었다 | [가족이 L.A.로 이사한다는] 사실을 발표하게.(EID) *[ ] = the fact

❸ Afterward they | will come | **out with** great possessions.
그후에 그들이 | 될 것이다 | 큰 재물을 이끌고 나오게.(Ge15:14)

기본형

❶ | Out with it.　　　　　　　그것 말해라.(OAD,3HP419)
❶ If so, | out with it.　　　　그렇다면, | 그걸 꺼내 봐.(2LR237)

through with~　　　　　　　　　　　　　　　　~with~

(cpr + 사물)

❸　The bank | came | **through with** the loan 〈 we had requested 〉.　　그 은행은 | 주었다 |〈 내가 신청한 〉 대출을 승인해.

❸　He | finally came | **through with** the money.
　　그는 | 결국 되었다 | 돈을 내놓게.

기본형

❶ I'm very glad [| to be **through with** the job (without any trouble)].
　나는 [그 일을 (무사히) 끝내서] 기쁘다.(NM175)

together with~　　　　　　　　　　　　　　　　~with~

(cpr + 사람)

❸　They | will come | **together with** you.
　　그들은 | 올 것이다 | 너와 함께.

❼　So Noah | came | out, | **together with** his sons and his wife and...　노아가 | 왔다 | 나, | 그 아들들과 그 아내와 함께...(Ge8:18)

기본형

❶ They | were **together with** him.　그들은 | 그와 함께 있었다.

up with~

~with~

(cpr + 사람)

[❸]　I hope [you ｜ can come ｜ **up with** someone to fill this post]. 나는 [네가 이 직책에 적임자를 찾아낼 수 있었으면] 좋겠군.(NQE)

기본형

❶ I ｜ was **up with** him.　　　나는 ｜ 그를 만나게 되었다.

(cpr + 관념·활동)

❸　I｜'ve just come ｜ **up with** a great idea.
　　나는 ｜ 되었다 ｜ 방금 좋은 아이디어가 떠오르게 (제안하게).

[❸]　I have tried [｜ to come ｜ **up with** some other explanation]. 나는 노력했어 [좀 다른 설명을 찾아내려고].(SK)

❸　He ｜ couldn't come ｜ **up with** an answer.
　　그는 ｜ 되게 할 수 없었다 ｜ 답이 떠오르도록. *떠오르지 않다.

❸　Well, we｜'ll come ｜ **up with** something.
　　그러면, 우리는 ｜ 될 것이다 ｜ 해결책을 모색해 내게.(FN36)

❸　Have you ｜ come ｜ **up with** a solution, yet?
　　너는 ｜ 되었니 ｜ 해결책이 생기게 (찾게), 이제?(EID)

❸　How did you ｜ come ｜ **up with** this amounts?
　　어떻게 너는 ｜ 되었니 ｜ 이 금액이 모여지게?

기본형

❶ He ｜ is **up with** latest information.
　그는 ｜ 최근의 정보를 가지고 있다.

❶ He ｜ was **up with** an idea of technical education for them.
　그는 ｜ 그들을 위한 기술교육의 아이디어를 가졌다.

from within~
~within~

(cpr + 조직 · 장소)

❸   It (= betrayal) | will come | **from within your family.**
배신은 | 올 거야 | 가족 안에서부터.(1ER300)

[❸]   The noise seems [| to be coming | **from within the building**]. 그 소리는 [빌딩 안에서 오는 것] 같았다.

기본형

❶ All the noise | was <u>from within</u> the building.
모든 소리는 | 빌딩 안에서 왔다.

along without~
~without~

(cpr + 사물)

❸   I | just came | **along without anything** better to do.
난 | 단지 왔다 | 달리 좋게 할 것도 없이 따라.

기본형

❶ I | am <u>along without</u> anything.   나는 | 아무 것도 없이 지낸다.

around without~
~without~

(cpr + 관념 · 활동)

❸   Midnight | came | **around without too much fanfare** for us this year

자정이 | 왔다 | 올해에는 우리를 위한 대단한 팡파래도 없이 다가.

기본형

❶ He | was **around without** any help.   그는 | 아무 도움 없이 주위에 있다.

추가 복합전치사구   참고

close to~

(cpr + 사람)

❸ | Come | **close to me**.
| 오소서 | 내게로 가까이.(Ge45:4)

기본형

❶ I | am close to her.   나는 | 그녀와 가까워.

near to~

(cpr + 사람)

❸ | Come | **near to God** and he | will come | **near to you**.
| 오라 | 하나님께 가까이, 그리하면 너희를 가까이 하시리라.(Jas4:8)

❻ So I | will come | **near to you** ‖ for judgment.
내가 | 올 것이다 | 네게 가까이 ‖ 심판하러.(Mal3:5)

PART 4 - 복합전치사구   199

기본형

❶ I | am <u>near to</u> you.   나는 | 네게 가까워.

next to~

(cpr + 사람)

❸ The horse | came | **next to** last.
그 말은 | 왔어 | 꼴지 앞에서.(OED)

기본형

❶ The horse | was **next to** last.   그 말은 | 꼴지 앞이었다.

PART 5
명사 *noun*

사람....물건....관념 · 활동....장소....시간

사 람

(P′ : 사람)

❸ | Don't come | the **young** innocent.
　| 인척 하지 마라 | 순진한 젊은이 (철부지).(NQE)

❼ | Don't come | the **bully** | over me
　| 되지 마라 | 심술쟁이가 | 내게.(EJD)

❼ | Don't come | the **sister** | with me.
　| 인척하지 마라 | 여동생 | 나에게.(EID)

❼ | Don't come | the **Cowboy** | with me.
　| 인척 하지마라 | 카우보이 | 나에게.(NQE)

❼ | Don't come | the **moralist** | with me.
　| 인척 하지마라 | 성인군자 | 나에게.(NQE)

기본형

❶ He | was the **bully**.　　　그는 | 심술쟁이였다.
❶ He | is the **moralist**.　　그는 | 성인군자이다.

(P′ : 신체)

❸ They | came | **face to face**.
　그들은 | 되었다 | 서로 얼굴을 맞대게.

❼ We | came | **face to face** | with Jaques Dubois.
　우리는 | 되었어 | 얼굴을 맞대게 | Jaques Dubois와.(CED)

기본형

❶ They | were **face to face**.　　그들은 | 얼굴을 맞대었다.

물건

(P′: 물건: cropper)

❸ Mike got drunk before his final exam. Of course, he | came | a **cropper**.
마이크는 기말시험 전에 술에 취했다. 그는 물론 낙제했다.(EID)
*본래의미; 베는 [깎는] 사람, 재배자; 파생의미; 실패자

❸ The plan | came | a **cropper**.
그 계획은 | 되었다 | 실패작이.(파생의미)
*본래의미; 베어들이는 기계, 절 단기; (천 따위의) 끝 자르는 기계.

기본형

❶ He | was a **cropper** then. 그는 | 그 당시 재배자였다.(본래의 의미)
❶ The move | was a **cropper**. 그 작전은 | 실패였다.

(P′: 형상)

❸ It's winter again! The seasons | have come | full **circle**.
다시 겨울이다! 계절이 | 왔다 | 한 바퀴 돌아서 다시.(EID)

기본형

❶ It | 's full **circle**. 그건 | 한 바퀴 돈 것이다.

(P′: 자연)

❸ Your forces | come | against me ‖ **wave upon wave**.
당신의 군대는 | 옵니다 | 내게 대해 ‖ 파상적으로.(Job10:17)

관 념 · 활 동

(P′, P″: 수량 · 정도)

[❸]   You have to remember [people | come | **first**].
    너는 [사람이 먼저라는 것을] 기억해야 한다. (NQE)

[❸]   They finally agreed [which steps | come | **next**].
    그들은 [다음으로 어떤 조치를 취할 지] 드디어 합의했다. (NQE)

❸」   **Next」 came」** the student from France.
    다음에」 왔다」 프랑스에서 온 학생이. *다음차례이다.

❼   This one | came | out | **first**.
    이것이 | 왔다 | 나 | 처음. (Ge38:28)

〈❼〉   The lean, ugly cows ate up the seven fat cows 〈 that | came | up | **first** 〉.
    그 파리하고 흉악한 소가 〈 처음에 올라 온 〉 일곱 살진 소를 먹었다. (Ge41:20)

❼   The horse | came | in | **second** in the race.
    말이 | 왔다 | 들어 | 경마에서 2등으로.

❼   You |'re going to come | off | **second-best!**
    넌 | 될 거야 | 끝나게 | 2등으로. *결국 지게 될 거야. (EID)

❼   I tried as hard as | could, but | | still came | out | **second-best** in the race.
    나는 최선을 다해 열심히 했지만, 나는 | 여전히 왔다 | 나 | 그 경주에서 2등으로. (EID)
    *결국 그 경주에서 졌다.

기본형

❶ Who | is **next**?   누가 | 다음이니?
❶ The horse | was **second**.   그 말은 | 2등이었다.
❶ He | was **second-best** today.   그는 | 오늘 2등이었다.

(P′: as)

〈❸〉   As a friend he's 〈 as 〉 good 〈 **as** they | come | V 〉.
    친구로서 그는 〈 더할 나위 없이 〉 좋은 녀석이다. *V = as = so = good
    *③ They | come | so. ⇨ ③ They | come | good.

장소

(P´, P˝: here)

❸　| Come | (in) **here**, please.
　　| 오십시오 | 여기 (안).

❸　Will you | come | **here** tomorrow?
　　너 | 오겠니 | 내일 여기?

❸　Has the man | come | here yet?
　　그 사람이 | 왔습니까 | 여기?(1Sa10:22)

❸」　**Here**」 comes 」 the dreamer!
　　여기」 온다」 꿈꾸는 자가.(Ge37:19)

❸」　**Here**」 comes 」 the train.
　　여기」 온다」 기차가.

❼　| Come | back | **here**!
　　| 와라 | 돌아 | 여기!(J&C)

❼　Most tourists | come | shopping | **here**.
　　대부분의 관광객들이 | 온다 | 쇼핑 | 여기.(TAT30)

[대화 1]

A :　❸ Who | came | **here** yesterday?
　　　　누가 어제 여기 왔었나요?

B :　❸ My mom | came | **here**.
　　　　어머니가 왔었지요.(SMV)

[대화 2]

A :　❸ When will you | come | **here**?
　　　　언제 당신은 여기 올 겁니까?

B :　❸ I |'ll come | **here** again tomorrow.
　　　　나는 내일 다시 여기에 올 겁니다.(SMV)

[대화 3]

A :   ❸ When shall we | come | **here**?
      언제 우리 여기 올까요?
B :   [❸] Let's [| come | **here** later on].
      나중에 여기 옵시다.(SMV)

[대화 4]

A :   Why can't you | come | **here** tomorrow?
      당신은 왜 내일 여기 올 수 없나요?
B :   Because tomorrow is my busy day.
      내일은 바쁜 날이기 때문에.(SMV)

기본형

> ❶ He | 's **here**.   그가 | 여기 있어.

(P' : where)

❼ᅟ   Where do↲ | | come | **in**?
      어디」 내가 | 오느냐 | 들어?
      *ⓐ 내 소득(역할)은 무엇이냐? ⓑ 내 체면은 어떻게 되는 거냐?

[❼]   This is [**where** we | came | **in** | ∨].
      이것은 [우리가 들어 온 곳]이다.
      *ⓐ. 원점으로 되돌아왔어. ⓑ 들은 적 있어. ⓒ 여기서부터 보았어.

[❼]   When editorial review commences, that's [**where** you | come | **in** | ∨].
      논평이 시작되면, 그것이 [네가 역할을 맡게 될 곳]이다. *∨ = where

기본형

> ❶ Where am↲ | I | ∨?   나 | 어디 있니? *여기 어디야?
> ❶ Where are↲ | you | ∨?   너 | 어디 있니? *∨ = where

(P' : home)

❸   I | 'll be coming | **home**.
      난 | 올 거야 | 집에.

[❸]   I want [| to come | **home** soon].
　　　 난 [집에 빨리 오고] 싶어.

❸　　So he kept quiet about it {until} they | came | **home**.
　　　야곱은 그들이 돌아오기까지 잠잠하였다.(Ge34:5)

❻　　Jacob | came | **home** ‖ to his father Isaac in Mamre,
　　　야곱이 | 왔다 | 집에 ‖ 마므레이 있는 그 아비 이삭에게.(Ge35:27)

> 기본형
>
> ❶ I | am home.　　　　　　　　나 | 집에 있어 (막 도착했어).

❼ The fifth grader | came | **home** | from school [bubbling with excitement] after having been voted "Prettiest Girl in the Class." She was even more excited ❸ when she | came | **home** the next day after the class had voted her "Most Popular." But several days later when she announced she had won a third contest, she was somewhat subdued.

　　"What were you voted this time?" her mother asked.
　　"Most Stuck-up" the girl replied.

그 5학년생이 | 왔다 | 집에 | 학교에서, [흥분으로 거품을 품으면서] 학교에서 "학급의 최고 미인"으로 투표를 얻은 다음. 그녀는 더욱 흥분했다, 다음날 그녀가 | 왔을 때 | 집에, 학급에서 그녀를 "최고 인기인"으로 선출한 후. 그러나 며칠 수 그녀가 세 번째 선발도 우승했다고 말했을 때 그녀는 다소 진정되었다.
　　"이 번에도 네가 뽑혔니?" 엄마가 물었다.
　　"가장 건방진 사람으로" 그 소녀가 대답했다.

(P′: ~stairs)

[대화]

A :   ❸ | Come | **downstairs**. Dinner's ready.
　　　　　　| 와요 | 1층으로. 저녁 준비 됐어요

B :   ❶ I | 'm coming.
　　　　(예,) 내려갑니다.

기본형

❶ He | is upstairs.　　　　　그는 | 이층에 있어.

(N′: way)

❷　　| Come ‖ this **way**, please.
　　　| 오세요 ‖ 이쪽으로.

❷　　Shall I | come ‖ your **way**.
　　　내가 | 갈까 ‖ 네 쪽으로?

❷　　Has anyone | come ‖ this **way**?
　　　누가 | 갔니 ‖ 이 길로?(KA12)

❷　　He | 's come ‖ a long **way**.
　　　그는 | 왔다 ‖ 먼 길을.

❷　　She | has come ‖ a long **way** 〈 from the village 〉.
　　　그녀는 | 왔다 ‖ 〈 마을에서 〉 먼길을.

〈❷〉　Harry usually spends any money 〈 that | comes ‖ his **way** 〉. 해리는 〈 자기 수중에 들어오는 〉 모든 돈을 대개 다 써버린다.(EID)

(N′: 거리)

❷　　Some of them | have come ‖ a long **distance**.
　　　그들 중 일부는 | 왔다 ‖ 먼 거리에서.(Mk8:3)

❷　　You | have come ‖ a considerable **distance** since last year. 너는 | 바뀌었다 ‖ 작년 이후 상당한 정도로.

❷　　He | has come ‖ ten **miles**.
　　　그는 | 왔다 ‖ 10마일 떨어진 곳에서.

시 간

(N′ : 시간)

❷　**What time** shall I ∣ come ‖ ∨?
　　몇 시에 내가 ∣ 갈까요 ‖ ∨? *∨ = what time

❷　Can I ∣ come ‖ **today** instead of tomorrow?
　　내가 ∣ 갈까요 ‖ 내일 대신 오늘?

❷　Christmas ∣ comes ‖ **once** a year.
　　성탄절은 ∣ 온다 ‖ 일년에 한 번.

❻　A leap year ∣ comes ∣ around ‖ **every four years**.
　　윤년은 ∣ 온다 ∣ 돌아 ‖ 4년에 한 번씩. ☞ around

[대화 1]

A :　❷ **When** will you ∣ come ‖ ∨?
　　　너 언제 올래?

B :　❷ I ∣ 'll come ‖ at 4 p.m.
　　　4시에 갈게.

[대화 2]

A :　❷ **What time** shall I ∣ come ‖ ∨ **tomorrow**?
　　　내일 몇 시에 내가 올까요?

B :　[❷] I want you [∣ to come ‖ by 4 o'clock]. ❷ ∣ Please come ‖ **anytime**.
　　　나는 당신이 4시까지 오기를 원합니다. 또는 아무 때나 오세요.(SMV)
　　　* 시간부사어는 일반적으로 문장의 요소에서 제외하지만 시간의 특정이 특히 중요한 경우에는 N′으로 다룬다.

(P′ : 시간)

❸　He ∣ is coming ∣ **twenty years**.
　　그는 ∣ 되어가고 있다 ∣ 20세가.

PART 5 - 명사　209

기본형

❶ He | is **twenty years**.   그는 | 20세야.

PART 6
동사 *verb*

assemble....do....fasten....scathe....stitch....tie....
eat/drink....run....see....shout....sing....tremble....drink....
pass....rain....understand....visit....in+~ing....from+~ing
....down on+~ing....with+~ing....without+~ing

assemble
un+~ed

(N : 물건)

❸   The furniture | comes | **unassembled.**
가구는 | 온다 | 미조립으로. *팔린다.

기본형

❶   The furniture | is **unassembled.**   가구는 | 미조립 상태이다.

do
un+~ed

(N : 사람)

❸   He | came | **undone.**
그는 | 되었어 | 잘못.

기본형

❶   I | am **undone.**   난 | 틀렸다.(EJD)

(N : 물건)

❸   The string | came | **undone.**
실이 | 되었어 | 풀어지게.

❸   Hey, your shoe laces | came | **undone.**
이봐, 신발 줄이 | 되었어 | 풀어지게.(NQE)

기본형

❶   The string | was **undone.**   실이 | 풀어졌다.

fasten

un+~ed

(N : 물건)

❸ The rope | came | **unfastened**.
밧줄이 | 되었어 | 풀려지게.

기본형

❶ The rope | was **unfastened**.   밧줄이 | 풀려졌어.

scathe

un+~ed

(N : 사람)

❼ His wisdom is profound, his power is vast. Who has resisted him and | come | out | **unscathed**?
그의 지혜는 심오하고 그의 힘은 광대하다. 누가 그를 거역하고, | 오겠느냐 | 나 | 다치지 않고?(Job9:4)

기본형

❶ The driver | was **unscathed**.   그 운전자는 | 다치지 않았다.

stitch

un+~ed

(N : 사물)

❸ The seam | came | **unstitched**.
솔기가 | 되었다 | 터지게.

기본형

❶ The seams | was unstitched.   솔기가 | 터졌다.

tie   un+~ed

(N : 사물)

❸ The knot | came | **untied**.
매듭이 | 되었다 | 풀어지게.

❸ The shoes | came | **untied**.
구두가 | 되었다 | 풀어지게.

기본형

❶ The shoes | was untied.   구두가 | 풀어졌다.

eat / drink   ~ing

(N : 사람)

❸ John | came | neither **eating** nor **drinking**.
요한은 | 와서 | 먹지도 아니하고 마시지도 아니하였다.(Mt11:18)

❸ The Son of Man | came | **eating** and **drinking**.
사람의 아들은 | 와서 | 먹고 마셨다.(Mt11:19)

기본형

❶ He | was eating and drinking.   그는 | 먹고 마시고 있었다.

run ~ing

(N : 사람·동물)

❸　He │ came │ **running**.
　　그는 │ 왔다 │ 달려서.

❻　The little pigs │ came │ **running** ‖ to their mother.
　　어린 돼지들은 │ 왔어 │ 달려서 ‖ 어미돼지에게.

기본형

❶　He │ was **running**.　　　그는 │ 달리고 있었다.

see ~ing

(N : 사람)

❼　So the man went and washed, and │ came │ home │ **seeing**.　이에 그 남자가 가서 씻고, 왔다 │ 집에 │ 밝은 눈으로.(Jn9:7)

기본형

❶　He │ was **seeing**.　　　그는 │ 밝은 눈이었다.

shout ~ing

(N : 사람)

「❻　The Philistines │ came ‖ toward him 「**shouting**.
　　블레셋 사람이 │ 왔다 ‖ 그에게 향해 「소리 지르며.(Jdg15:14)

기본형

❶ They | were shouting.   그들이 | 소리 지르고 있었다.

sing   ~ing

(N : 사람)

❸ He | came | singing.
그는 | 왔다 | 노래하면서.

기본형

❶ He | was singing.   그는 | 노래하고 있었다.

tremble   ~ing

(N : 사람)

❸ He | came | trembling.
그는 | 왔다 | 떨면서.(2Sa22:46)

기본형

❶ He | was trembling.   그는 | 떨고 있었다.

drink   to~

(N : 동물)

❸   ...the flocks were in heat and | came | **to drink**.
    그 떼가 발정이 되었고, | 왔다 | 물을 먹으러.(Ge30:38)

[❸] This is that time [the deer | come | **to drink**].
    지금은 [사슴들이 물먹으러 올] 시간이다.

기본형

❶ They | were **to drink**.   그들은 | 물을 마시려 했다.

pass   to~

(N : 사물)

❸   The meeting | didn't come | **to pass** like we thought it would.
    그 회의는 | 않게 되었다 | 열리지, 우리가 생각했던 바대로.

❸   ...till what he foretold | came | **to pass**.
    ... 곧 여호와의 말씀게 | 될 때까지 | 응하게.(Ps105:19)

❸   ...then suddenly I acted, and they | came | **to pass**.
    내가 홀연히 그 일을 행하여, 그들이 | 되었다 | 이루어지게.(Isa48:3)

기본형

❶ Everything | was **to pass** {and} only one thing could be permanent.
    모든 것이 | 지나가지(만) 오직 한 가지만 영원할 수 있다.

rain   to~

(N : 사물)

❼   It | came | on | **to rain** (toward evening).
    (저녁 무렵에) 비가 내리기 시작했다.

기본형

❶ It | was **to rain** (toward evening).   (저녁 무렵에) 비가 내릴 것이다.

understand   to~

(N : 사람)

❸   After | strayed, | repented; after | | came | **to understand**, | beat my breast.
    내가 돌이킴을 받은 후에 뉘우쳤고, 내가 | 된 후에 | 이해하게 (교훈을 받은), 내가 내 가슴을 쳤다.(Jer31:19)

기본형

❶ I | was **to understand**.   내가 | 이해하려 했다.

visit   ~

(N : 사람)

❸   I |'ll come | **visit** soon.
    나 | 올게 | 곧 방문하러.(Fm389)

기본형

❶ I | 'll come | **visit** soon.　　나 | 곧 방문할 게.

in+~ing
pr+~ing

(N : 사람)

❻　I | have never come | off | lucky ‖ **in gambling**.
　　나는 | 된 적이 없다 | 성공하게 | 행운이 ‖ 도박에서　*도박에서 재미를 본 적이 없다.

from+~ing
pr+~ing

(N : 사람)

❻　His brother Esau | came | in ‖ **from** hunting.
　　그 형 에서가 | 왔다 | 들어 ‖ 사냥에서부터.(Ge27:30)

축소형

❸ He | was in ‖ **from** hunting.　그가 | 들었다 ‖ 사냥에서.

(N : 관념)

❸　So faith | comes | **from hearing**, and the hearing by the word of Christ:
　　믿음은 | 온다 | 들음에서, 그리고 들음은 그리스도의 말씀에 의해.(Ro10:17)

기본형

❶ Faith | is **from hearing**, and the hearing through a word of Christ:
　　믿음은 | 들음에서, 들음은 그리스도의 말씀을 통해서다.

down on+~ing   pr+~ing

(N : 사람 · 조직)

❸   He | came | **down** hard **on** gambling.
    그는 | 되었다 | 도박에 강력히 반대하게.

❸   Miami Beach | came | **down on** gambling.
    마이애미 비치는 | 되었다 | 도박에 반대하게.

기본형

❶ I | am **down on** gambling.   난 | 도박에 반대다.

with+~ing   pr+~ing

(N : 사람 · 관념)

❷   They | will come || **with** weeping.
    그들이 | 올 것이다 || 울면서.(Jer31:9)

❷   It | doesn't come | **with** trying, it | doesn't come ||
    with crying, it doesn't come by prying.
    그것은 | 오지 않고 || 노력한다고, | 오지 않으며 || 운다고, 엿본다고 해서 오지 않는다.

without+~ing   pr+~ing

(N : 사람)

[대화]

A : Hi, Mr. White, what a nice surprise! Come on in! Please,
     excuse the mess.
     안녕하세요, 화이트 씨, 어쩐 일이세요. 어서 들어와요. 어수선해서 미안해요.

B : ❷ I | shouldn't come ‖ **without calling**, but I was in the neighborhood.
전화도 없이 오면 안되는 건데, 이 동네에 온 김에.(TEPS)

PART 7
절
clause

bend....consider....equip....reveal....serve....ask....baptize....crawl....ride....smell....tremble....wander....wear....ask....buy....call....consider....do....get....give....go....greet....have....hear/listen....help....install....know....like....live....make....meet....push....realize....regard....see....take....think....understand....visit....write....find....get....have....see....non-verb claus....by+~ing....from+~ing....of+~ing....on+~ing....to+~ing....around to+~ing....close to+~ing....with+~ing....without+~ing....that....that which....where....to+where....across to+where....down to+where....to+whom....across with+what

bend
~ed절 [비정형절]

(N : 사람)

❸[❸]　They all | come |[**bent** on violence].
그들 모두 | 왔다 |[폭력에 의존하여].(Hab1:9)

단문형

> ❸　They | were **bent** | <u>on</u> violence.　그들은 | 의존했다 | 폭력에.

consider
~ed절 [비정형절]

(N : 관념)

❸[❸]　His advice | came |[to be **considered** important].
그의 충고는 | 되었다 [중요하다고 여겨지게].

단문형

> ❸　His advice | was to be **considered** | important.
> 그의 충고는 | 여겨지려 했다 | 중요하다.

equip
~ed절 [비정형절]

(N : 사람)

❸[❸]　Children | come |[**equipped** [to learn any language]].
애들은 | 보인다 | [[어떤 언어도 배울 수 있게] 갖춰진 것으로].

> 단문형
>
> ❸ Children | is **equipped** | [to learn any language].
> 애들은 | 갖춰져 있다 | [어떤 언어도 배울 수 있게].

reveal   ~ed절 [비정형절]

(N : 관념)

❸[❶]   The fact | came | [to be **revealed**].
그 사실이 | 되었다 | [밝혀지게].

> 단문형
>
> ❶ The fact | was to be **revealed**.   그 사실이 | 밝혀지려 했다.

serve   ~ed절 [비정형절]

(N : 사람)

❸[❶]   The Son of Man | did not come | [to be **served**], but to serve.   인자는 | 오지 않았다 | [섬김을 받으러], 섬기러 왔다.(Mt20:28)

> 단문형
>
> ❶ I | was not to be **served**.   나는 | 섬김을 받지 않으려 했다.

PART 7 - 절   225

ask
~ing절 [비정형절]

(N : 사람)

⟨「❻[❷]⟩ all the Israelites ⟨ who | came ‖ to the king 「[asking for justice]⟩ ⟨이스라엘 무리 중에 왕께 재판을 청하러 오는⟩ 자.(2Sa15:6)

단문형

❷ They | were asking ‖ for justice. 그들은 | 청하고 있었다 ‖ 재판을.

baptize
~ing절 [비정형절]

(N : 사람)

⟨❸[❷]⟩ The reason ⟨ I | came | [baptizing with water]⟩ was that he might be revealed to Israel.
⟨내가 와서 [물로 세례를 주는] 이유는 그를 이스라엘에게 나타내려 함이다.(Jn1:31)

단문형

❷ He | was baptizing ‖ with water. 그는 | 세례하고 있었다 ‖ 물로.(Jh3:26)

crawl
~ing절 [비정형절]

(N : 사람)

❸[❸] Craig | will come | [crawling back] when he realizes he can't find another job.
크레이그는 | 올 거야 | [벌벌 기면서 돌아], 자신이 다른 직장을 구할 수 없다는 것을 알고 나면.(EID)

> 단문형
>
> ❸ He | was crawling | back.　　그는 | 기면서 | 돌아왔다.

ride   ~ing절 [비정형절]

(N : 사람 · 물건)

❸[❸]　They and their officials | will come |[**riding** in chariots and on horses].
　　　왕들과 방백들이 병거와 말을 타고 오되.(Jer17:25)

[❸[❸]]　He saw the native boats [| come |[**riding** through it]].
　　　그는 [[파도 속을 뚫고 저어] 오는] 배를 보았다.(O&S26)

❸[❹]　She | came |[**riding** her donkey into a mountain ravine].　아비가일이 나귀를 타고 산 유벽한 곳으로 좇아 내려가더니.(1Sa25:20)

> 단문형
>
> ❸ The boats | was riding | through it.　배가 | 저어오고 있었다 | 파도 속을 뚫고.

smell   ~ing절 [비정형절]

(N : 사람)

❼[❸]　I | came | out |[**smelling** like a rose].
　　　나는 | 되었다 | 나타나게 |[장미처럼 향기 내면서].(EID)
　　　*긍정적인 결과를 가져오다, 예상 외로 일이 잘 되다.

> 단문형
>
> ❸ I | was smelling | like a rose.　나는 | 향기내고 있었다 | 장미처럼.

tremble ~ing절 [비정형절]

(N : 사람)

③[②] They | will come |[**trembling** to the LORD].
그들이 | 올 것이다 |[떨면서 주께].(Hos3:5)

③[③] They all lose heart; they | come |[**trembling** from their strongholds].
이방인들이 쇠미하여 [그 견고한 곳에서 떨며] 나오리라.(Ps18:45)

단문형

② They | will be trembling ‖ to the LORD.   그들은 | 떨 것이다 ‖ 주께.

wander ~ing절 [비정형절]

(N : 사람)

⑤[③] If you | come ‖ across your enemy's ox or donkey |[**wandering** off], be sure to take it back to him.
네가 만일 네 원수의 길 잃은 소나 나귀를 만나거든 반드시 그 사람에게 돌릴찌며.(Ex23:4)

단문형

③ A donkey | is wandering | off.   한 나귀가 | 헤매고 있다 | 길을 잃고.

wear ~ing절 [비정형절]

(N : 사람)

⑤[③] Jesus | came | out |[**wearing** the crown of thorns

and the purple robe].
예수께서 | 오셨다 | 나 | [가시면류관을 쓰고 자색옷을 입고].(Jn19:5)

단문형

❷ He | was wearing ‖ the crown.   그는 | 쓰고 있었다 ‖ 왕관을.

ask
to~절 [비정형절]

(N : 사람)

❸[❹] Jeroboam's wife | is coming | [to ask you about her son]. 여로보암의 아내가 | 오고 있어요 | [당신께 그녀의 아들에 대해 물으려].(1Ki14:5)

단문형

❹ She | is to ask ‖ you | about her son.
그녀는 | 물으려 한다 ‖ 당신께 ‖ 그 아들에 대해.

buy
to~절 [비정형절]

(N : 사람)

❸[❷] Your servants | have come | [to buy food].
종들은 | 왔습니다 | [곡물을 사러].(Ge42:10)

❼[❷] We | came | down here (the first time) [to buy food].
우리가 | 왔습니다 | 여기로 내려 (전에) | [양식을 사러].(Ge43:20)

단문형

❷ We | were to buy ‖ food.   우리는 | 사려했다 ‖ 양식을.

call

to~절 [비정형절]

(N : 사람)

❸[❷] I | have not come |[**to call** the righteous, but sinners to repentance].
나는 | 오지 않았다 | [의인을 부르러, 그러나 죄인을 회개하도록 부르러].(Lk5:32)

「❻[❹] His disciples | came ‖ up to him 「[**to call** his attention to its buildings].
그의 제자들이 | 왔다 ‖ 그에게 「[그의 주의를 그 건물에 환기시키러].(Mt24:1)

단문형

❷ I | was not **to call** ‖ him.   나는 | 부르려 하지 않았다 ‖ 그를.

consider

to~절 [비정형절]

(N : 사람)

❸[❷] I | now come |[**to consider** the next subject].
나는 | 이제 된다 | [다음 문제를 생각하게]. *다음 문제를 생각할 때다.

단문형

❷ I | am **to consider** ‖ the next subject.   나는 | 생각하려 한다 ‖ 다음 문제를.

do

to~절 [비정형절]

(N : 사람)

❸[❷] What are these | coming |[**to do** ∨]?

이들이 [무엇 하러] 왔습니까?(Zec1:21)

❸[❷] Here I am, I | have come | [**to do** your will].
보소서, 내가 | 왔습니다 | [하나님의 뜻을 행하러].(Heb10:9)

단문형

❷ What are these | to do ∥ ∨?   이들이 | 하려합니까 ∥ 무엇을? *∨ = What

get   to~절 [비정형절]

(N : 사람)

[❸[❷]] He told us [| to come | [**to get** you]].
그는 우리에게 [[너를 데리고] 오라고] 했어.(Pt128)

단문형

❷ We | are to get ∥ you.   우리는 | 데리려고 했다 ∥ 너를.

give   to~절 [비정형절]

(N : 사람)

❸[❹] I | will come | [**to give** rest to Israel].
내가 | 올 것이다 [이스라엘에 안식을 주려고].(Jer31:2)

단문형

❹ I | was to give ∥ rest ∥ to Israel.   내가 | 주려했다 ∥ 이스라엘에 ∥ 안식을.

go
to~절 [비정형절]

(N : 사람)

❼[❸]　| Come | along with me |[**to go** shopping].
　　　　| 와라 | 나를 따라 | [물건 사러].

단문형

❸ I | was **to go** | shopping.　　나는 | 가려했다 | 물건 사러.

greet
to~절 [비정형절]

(N : 사람)

❼[❷]　He | came | forward |[**to greet** me].
　　　　그가 | 왔다 | 나아 | [내게 인사하러].

단문형

❷ He | was **to greet** ‖ me.　　그는 | 인사하려 했다 ‖ 내게.

have
to~절 [비정형절]

(N : 사람)

❸[「❻」]　Will you | come |[**to have** dinner with us]?
　　　　　너는 | 오겠니 | [우리와 함께 저녁 식사하러]?

「❻[❺]」　The Israelites | came ‖ to her 「[**to have** their disputes decided].
　　　　　이스라엘 인들이 | 왔다 ‖ 그녀에게 「[그의 분쟁을 해결하려고].(Jdg4:5)

❼[「❻] Why don't you | come | over |[**to have** lunch with us]?
너는 | 오지 않겠니 | 이리로 |[우리와 함께 점심 식사하러]?

단문형

❸ Are you | **to have** dinner | with us?   너 | 식사하려하니 | 우리와?

hear/listen   to~절 [비정형절]

(N : 사람)

❸[❷] How did you | come |[**to hear** of it]?
어떻게 넌 [그것을 알게] 되었니?

❸[❷] Men of all nations | came |[**to listen** to Solomon's wisdom].   천하 모든 왕중에서 솔로몬의 지혜를 들으러 왔더라.(1Ki4:34)

단문형

❷ They | were **to listen** ‖ to him.   그들은 | 들으려 했다 ‖ 그에게.

help   to~절 [비정형절]

(N : 사람)

❸[❷] O my Strength, | come quickly |[**to help** me].
나의 힘이시여, | 속히 오십시요 |[나를 도우러].(Ps22:19)

❸[❷] Then Michael, one of the chief princes, came |[**to help** me].   군장 중 한 사람인 미가엘이 | 왔다 |[나를 도우러].(Da10:13)

단문형

❷ He | was **to help** ‖ me.   그는 | 도우려 했다 ‖ 나를.

install

to~절 [비정형절]

(N : 사람)

 Ambitious

A young doctor had just opened his office. His first caller, a stranger, entered. The ambitious doctor asked to be excused as he hurried to the phone. Lifting the receiver he said;

"Yes, I'll expect you at ten past two. Please be prompt because I'm very busy. Yes, the fee will be $500."

Putting down the receiver, he turned to the strange visitor and said,

"Now, Sir. What can I do for you?"

"Nothing," said the visitor,

❸[❷] "I | 've come | [**to install** the phone]."

한 젊은 의사가 방금 개업을 했다. 첫 손님으로 낯선 사람이 왔다. 야심에 찬 의사는 양해를 구하고 전화기로 급히 갔다. 수화기를 들면서 그는 말했다.

"네, 2시 10분에 오세요. 제가 바쁘니 시간 맞춰 오세요. 진료비는 500불입니다."

수화기를 내려놓고, 그는 몸을 돌려 낯선 방문객에게 말했다.

"자, 제가 뭘 도와 드릴까요?"

"아니, 아무 것도 아녜요." 방문객이 말했다.

"저는 | 왔거든요 | [전화기를 설치하러]."

단문형

❷ I | was **to install** ‖ the phone.   나는 | 설치하려 했다 ‖ 전화기를.

know

to~절 [비정형절]

(N : 사람)

❸[❷]　Do you | like to come | [**to know** her]?
　　　너는 [그녀를 알게] 되고 싶은가?

❸[❷]　We know [that we have | come | [**to know** him]] if we obey his commands.
　　　우리가 그의 계명을 지키면 이로써 우리가 저를 아는 줄로 알 것이요.(1Jh2:3)

❸[❹]　You, however, | did not come | [**to know** Christ that way].　너희는 그리스도를 이같이 배우지 아니하였느니라.(Eph4:20)

단문형

❷ Do you | like to know ‖ her?　　너는 | 싶나 ‖ 그녀를 알고?

like

to~절 [비정형절]

(N : 사람)

❸[❷]　You | will come | [**to like** him].
　　　당신은 | 될 것이다 | [그를 좋아하게].

❸[❷]　You | will come | [**to like** it].
　　　당신은 | 될 것이다 | [그것을 좋아하게].

❸[❷]　You | will soon come | [**to like** this town].
　　　넌 | 곧 될 거야 | [이 도시를 좋아하게].

단문형

❷ You | are to like ‖ him.　　넌 | 좋아하게 된다 ‖ 그를.

live

to~절 [비정형절]

(N : 사람)

❸[❸] We | have come |[**to live** here awhile].
종들이 [이곳에 우거하러] 왔사오니.(Ge47:4)

❸[❸] Egypt, where you | have come |[**to live** ∨].
너희의 가서 우거하는 애굽.(Jer44:8)

단문형

❸ We | were to live | here.   우리는 | 살려고 했다 | 여기에.

---

make

to~절 [비정형절]

(N : 사람)

❻[❹] That Hebrew slave 〈 you brought us 〉| came ‖ to me
「[**to make** sport of me].
〈 당신이 우리에게 보낸 〉 히브리 종이 | 왔어요 ‖ 내게 「[나를 희롱하려고].(Ge39:17)

❼[❺] They | came | **together** |[**to make** war against Joshua and Israel].
모여서 일심으로 [여호수아와 이스라엘로 더불어 싸우려 하더라].(Jos9:2)

단문형

❹ He | was to make ‖ sport | of me.   그가 | 하려했다 ‖ 희롱 | 나를.

(N : 사물)

❻[❺] Because of their transgression, salvation | has come ‖ to the Gentiles 「[**to make** Israel envious].
그들의 죄로 인해, 구원은 | 왔다 ‖ 이방인에게「[이스라엘이 시기하도록 만들려고].(Ro11:11)

단문형

❺ Salvation | was **to make** ‖ Israel | envious.
구원은 | 만들려 했다 ‖ 이스라엘이 | 시기하도록.

meet

to~절 [비정형절]

(N : 사람)

❸[❷] Now he | is coming |[**to meet** you].
이제 그가 | 오고 있어요 [주인을 만나러].(Ge32:6)

❼[❷] How did he | come |[**to meet** her]?
어쩌다가 그는 [우릴 만나게] 되었지?

❼[❺] ...the king of Sodom | came | out |[**to meet** him in the Valley of Shaveh].
소돔 왕이 | 왔다 | 나 |[사웨 골짜기 곧 왕곡에 나와 그를 영접하려고].(Ge14:17)

단문형

❷ He | is **to meet** ‖ you.   그가 | 만나려 한다 ‖ 너를.

(N : 물건)

❸[❷] The hawks, he thought, that | come | out to sea |[**to meet** them].
그는 생각했다. 매들이 | 왔다 | 바다로 나 |[저들을 맞이하러].(O&S66)

단문형

❷ The hawks | were to meet ‖ them.   매가 | 맞이하려했다 ‖ 그들을.

push
to~절 [비정형절]

(N : 사람)

❼[❺] Gehazi | came | over |[**to push** her away].
게하시가 | 왔다 | 넘어 |[그녀를 밀어 내려고].(2Ki4:27)

단문형

❺ He | was to push ‖ her | away.   그는 | 밀어 ‖ 그녀를 | 내려했다.

realize
to~절 [비정형절]

(N : 사람)

❸[❷] I | came |[**to realize** the true meaning of life].
난 | 되었다 |[인생의 참된 의미를 깨닫게].

❸[❷] You |'ll come |[**to realize** it].
넌 | 될 거야 |[그것을 깨닫게].

❸[❷] He | came |[**to realize** that he was mistaken].
그는 | 되었다 |[그가 틀렸다는 것을 알게].

단문형

❷ You | are to realize ‖ it.   너는 | 깨달으려 한다 ‖ 그것을.

regard

to~절 [비정형절]

(N : 사람)

❸[❺]   I | came |[**to regard** him as a friend].
나는 | 되었다 | [그를 친구로 간주하게].

단문형

❺   I | was to regard ‖ him | as a friend.   나는 | 간주하려 했다 ‖ 그를 | 친구로.

see

to~절 [비정형절]

(N : 사람)

❸[❷] | Come |[**to see** me].
| 와요 | [날 만나러]. *한번 들르시오.

❸[❷]   He | has come |[**to see** that he was wrong].
그는 | 되었다 [자기가 잘못이었음을 알게].

❸[❺]   He | had come |[**to see** the problem in a new light].
그는 | 되었다 | [그 문제를 새로운 관점에서 바라보게].

〈❸[❺]〉 There is a woman 〈| come |[**to see** you at the door]〉.
어떤 여자 분이 〈[당신을 만나러] 문간에 〉 와 있습니다.
*이 문장의 come은 과거분사로, 앞에 who has [is] 가 생략되어 있다.

❼[❷] | Come | back |[**to see** us].
| 와요 | 다시 | [우리를 만나러]. *또 놀러 와요.

❼[❷]   But when the king | came | in |[**to see** the guests],
그러나 왕이 | 왔을 때 | 들어 | [손님들을 보려고],(Mt22:11)

[대화]

A :   ❼[❷] Why didn't you | come | over |[**to see** me]?
왜 당신은 나에게 놀러 오지 않았습니까?

B : I was sick and I wanted to take a break
나는 아파서 쉬고 싶었어요.

단문형

❺ A woman | is to see ‖ you | at the door.
어떤 여자 분이 | 만나려 한다 ‖ 당신을 | 문간에서.

take   to~절 [비정형절]

(N : 사람)

❸[❺] We | have come | [to take Samson prisoner].
우리가 | 왔다 | [삼손을 죄수로 잡으러].(Jdg15:10)

❸[❺] His creditor | is coming | [to take my two boys as his slaves]. 이제 빚장이가 | 오고 있다 | [나의 두 아이를 그의 종으로 삼으러].(1Ki4:1)

❼[❷] He learned [that Saul | had come | out [to take his life]]. 다윗은 [사울이 [자기 생명을 취하려고] 나온 것을] 보았다.(1Sa23:15)

단문형

❺ We | are to take ‖ him | prisoner.   우리가 | 잡으려 해 ‖ 그를 | 죄수로.

think   to~절 [비정형절]

(N : 사람)

❸[❷] | Come | [to think of it], you may be right.
| 되니까 | [그것을 생각하게], 네가 옳은 것 같아.

❸[❷] Now that I | | [come | [to think of it], she was absent yesterday, too.   네가 | [되니까 | [그것을 생각하게], 그는 어제 결석했다.

단문형

❷ I | was to think ‖ of it.　　내가 | 생각하려 했다 ‖ 그것을.

understand
to~절 [비정형절]

(N : 사람)

❸[❷]　We | came |[**to understand** the true meaning of life].
　　　　우리는 | 되었다 |[인생의 진정한 의미를 이해하게].

❸[❷]　I | have come |[**to understand** [what you said]].
　　　　나는 | 되었다 |[네가 말한 것을 이해하게].

단문형

❷ I | was to understand ‖ that.　　나는 | 이해하려 했다 ‖ 그것을.

visit
to~절 [비정형절]

(N : 사람)

❸[❷]　I was in prison and you | came |[**to visit** me].
　　　　내가 옥에 갇혔을 때 너희가 와서 보았느니라.(Mt25:36)

❸[❺]　He | came |[**to visit** me at the hospital].
　　　　그는 | 왔다 |[나를 병원에서 방문하려].

단문형

❷ You | were to visit ‖ me.　　너희가 | 방문하려 했다 ‖ 나를.

write

to~절 [비정형절]

(N : 사람)

❸[❷]   Tell us, how did you | come |[**to write** all this]?
우리에게 말하라, 어떻게 | 네가 되었는지 |[이 모든 말을 기록하게].(Jer36:17)

단문형

❷   How were you | **to write** ‖ this?   어째서 넌 | 기록하려 했니 ‖ 이것을.

find

~절 [비정형절]

(N : 사람)

❸[❷]   I |'ll come |[**find** you].
나는 | 올 것이다 |[널 찾으러].(Fm124)

중문형

❶&❷   I |'ll come {and} find ‖ you.   나는 와{서} 너를 찾을 거야.

get

~절 [비정형절]

(N : 사람)

❸[❷]   He told us [| to come |[**get** you]].
그는 우리에게 [[너를 데리고] 오라고] 했어.(Pt128)

```
  중문형
┌─────────────────────────────────────────────────┐
│ ❶&❷   We  |  are to come {and}  |  get  ‖  you. │
│       우리는 와 ( 서 ) 너를 데리고 가 ( 오 ) 려 한다.        │
└─────────────────────────────────────────────────┘
```

(N : 사물)

❸[❷] | Come |[**get** it].
         | 와서 |[그걸 가져라].

```
  중문형
┌─────────────────────────────────────────────────┐
│ ❶&❷    |  Come {and}  |  get  ‖  it!    와 ( 서 ) 그걸 가져라. │
└─────────────────────────────────────────────────┘
```

have   ~절 [비정형절]

(N : 사람)

❸[❷] | Come |[**have** dinner].
         | 와서 |[식사해요].

❸[❺]   Will you come |[**have** dinner with us]?
         함께 식사하러 오지 않겠습니까?

```
  중문형
┌─────────────────────────────────────────────────┐
│ ❶&❷    |  Come {and}  |  have  ‖  dinner.    와 ( 서 ) 식사해라. │
└─────────────────────────────────────────────────┘
```

see   ~절 [비정형절]

(N : 사람)

❸[❷] | Come |[**see** me tomorrow].
         | 와 |[내일 날 만나]. *한번 들리시오.

❸[❷] | Come |[**see** what's going on].
　　　　| 와 | [무슨 일이 일어나고 있는지 봐].

중문형

❶&❷　| Come {and} | | **see** ‖ me tomorrow.　내일 와{서} 날 만나라.
❶&❷　Come {and} | | **see** ‖ [what's going on].
　　　와{서} 무슨 일이 일어나고 있는지 봐.

형용사술어절　　　　non-verb claus [비정형절]

(N : 사람)

❻[❶]　The old man | comes | <u>in</u> (each day) ‖ <u>with</u> [his skiff **empty**].
　　　노인은 | 온다 | 들어 (매일) ‖ [그의 배가 비어있는] 채로.(O&S)

단문형

❶ His skiff | was **empty**.　　그의 배가 | 비어있었다.

전치사구술어절　　　　non-verb claus [비정형절]

(N : 사람)

❻[❶]　Rebekah | came | <u>out</u> ‖ <u>with</u> [her jar **on her shoulder**].
　　　리브가가 [물 항아리를 어깨에 메고] 나오니.(Ge24:15)

단문형

❶ Her jar | was **on** her shoulder.　물 항아리가 | 어깨에 있었다.

명사술어절

non-verb claus [비정형절]

(N : 사람)

❸[❶]　He | came |[to be a noted **scientist**].
그는 [유명한 과학자가] 되었다.

❸[❶]　How did you | come |[to be **there**]?
어떻게 당신은 [거기에 있게] 되었나요?

단문형

❶ He | was a noted **scientist**.　그는 | 유명한 과학자였다.
❶ Were you | **there**?　당신은 | 거기에 있었나요?

---

by + ~ing

pr+~ing [비정형절]

(N : 사람)

❹[❺]　The LORD | had come ‖ to the aid of his people ‖ **by**
[**providing** food for them].
주께서 | 왔다 ‖ 그들의 도움으로 ‖ [그들에게 양식을 주심으로].(Ru1:6)

단문형

❺ The LORD | had **provided** ‖ food | for them.
주께서 | 주셨다 ‖ 양식을 | 그들을 위해.

---

from + ~ing

pr+~ing [비정형절]

(N : 관념)

❸[❶]　His poor grades | may come | **from** [(his) **being lazy**].

그의 빈약한 성적은 | 초래되었을 것이다 | [그의 게으름]에서.

❸[❷] Consequently, faith | comes | **from** [**hearing** the message], and the message is heard through the word of Christ.
그러므로 믿음은 들음에서 나며 들음은 그리스도의 말씀으로 말미암았느니라.(Ro10:17)

축소형

❶[❷] Faith | is from [hearing the message], and the message is heard through the word of Christ.
믿음은 들음에서 나며 들음은 그리스도의 말씀으로 말미암았느니라.(Ro10:17 헬라어에서 직역)

of+~ing
pr+~ing [비정형절]

(N : 사물)

❷[❷] Nothing | will come | **of** [**buying** such a thing].
[그런 걸 사 봐야] 아무 짝에도 쓸모 없다.

단문형

❷ We | buy ∥ such a thing.   우리는 | 산다 ∥ 그런 것을.

on+~ing
pr+~ing [비정형절]

(N : 사람)

❶[❷] ∥ **On** [**coming** to the house], they saw the child with his mother Mary, and they bowed down and worshiped him.
| [집에 와서], 그들은 어머니 마리아와 함께 있는 아기를 보고 꿇어 그를 경배했다.(Mt2:11)

단문형

❷ They | came ‖ to the house.   그들은 | 왔다 ‖ 그 집에.

---

to+~ing   pr+~ing [비정형절]

(N : 관념)

❷[❷]   When it | comes ‖ to [earning a living], you often have to do things you don't like.
그것이 [먹고 사는데] 에 대해 말한다면, 너는 종종 싫은 일도 해야 해.
*먹고살기 위해서는 종종 싫은 일도 해야 해.

❷[❷]   When it | comes ‖ to [pitching horseshoes], he's the champ.   [말굽던지기] 에 대해 말한다면, 그가 챔피언이야.

단문형

❷ You | are earning ‖ a living.   너는 | 벌고 있다 ‖ 생계를.

---

around to+~ing   pr+~ing [비정형절]

(N : 사람)

❷[❷]   I | 've come ‖ around to [believing that it never ends].
나는 | 되기 시작했다 ‖ [그게 결코 끝나지 않음을 믿게].(IHT)

축소형

❷[❶]   I | believe ‖ [that it never ends].   난 | 믿어 ‖ [그게 결코 끝나지 않음을].

close to+~ing
pr+~ing [비정형절]

(N : 사람)

❸[❷]   I | came | **close to** [**being hit** by a car].
나는 | 되었다 | [차에 치일] 뻔하게.

❸[❷]   We | came | very **close to** [**losing** our lives].
우리는 | 되었다 | [목숨을 잃어버릴] 뻔하게.(22HAC166)

축소형

❶[❷]   I | was close to [being hit by a car].   나는 | 뻔 했다 [차에 치일].

with+~ing
pr+~ing [비정형절]

(N : 사람)

❼[❷]   After this, his brother | came | out, ‖ **with** [his hand **grasping** Esau's heel].
이후, 그의 아우가 | 왔다 | 나, [손으로 에서의 발꿈치를 잡은] 채.(Ge25:26)

단문형

❷   His hand | was grasping ‖ Esau's heel.
그의 손이 | 잡고 있었다 ‖ 에서의 발꿈치를.

without+~ing
pr+~ing [비정형절]

(N : 사람)

❷[❷]   So when | was sent for, | | came ‖ **without** [**raising**

any objection].
내가 보내겼을 때, 나는 | 왔다 ‖ [사양치 아니한] 채.(Ac10:29)

❻[❷] Then the demon | came | <u>out</u> ‖ **without** [**injuring** him].
귀신이 | 왔다 | 나 ‖ [그 사람을 상하지 아니한] 채.(Lk4:35)

단문형

❷ I | did not **raise** ‖ any objection.   나는 | 하지 않았다 ‖ 아무 반대도.

---

that   that절 [정형절]

(N : 사람)

❷[❷&❹] I | have come ‖ [**that** they may have life, and have it <u>to</u> the full].
내가 온 것은 [그들로 생명을 얻게 하고 더 풍성히 얻게 하려는 것]이라.(Jn10:10)

단문형

❷&❹ They | may have ‖ life, {and} | have ‖ it ‖ <u>to</u> the full.
그들은 생명을 얻고 더 풍성히 얻게 될 것이다.

---

that which   that which절 [정형절]

(N : 사람)

❷[❶] He | came ‖ **to** [**that which** was his own].
그가 | 왔다 ‖[자신의 것인 곳]에.(Jh1:11) *자기 땅에 왔다.

단문형

❶ That | was his own.   그것은 | 자신의 것이었다.

where

where절 [정형절]

(N : 사람)

❸[❶] But a Samaritan, as he traveled, | came |[**where** the man was].
어떤 사마리아 인이 여행 중, | 왔다 |[그 남자가 있는 곳에].

축소형

❶[❶] He | was [**where** the man was]. 그는 |[그 남자가 있는 곳에] 있었다.

to+where

pr+wh-절 [정형절]

(N : 사람)

❷[❶] But when he saw many of the Pharisees and Sadducees [| coming ‖ **to** [**where** he was baptizing].
요한이 많은 바리새인과 사두개인이 [세례 베푸는 데 오는 것을] 보았다.(Mt3:7)

축소형

❷[❶] They | were [**where** he was baptizing].
그들은 | [그가 세례 베푸는 데] 있었다.

across to+where

pr+wh-절 [정형절]

(N : 사람)

❷[❶] He | came ‖ **across to** [**where** we were].
그는 | 왔다 ‖ [우리들이 있던 장소] 로 건너.

축소형

❶[❶]   He | was [**where** we were].   그는 | [우리들이 있던 곳에] 있었다.

down to+where   pr+wh-절 [정형절]

(N : 사물)

❷[❶]   It | came ‖ **down to** [**where** I was].
       그것이 | 왔다 ‖ [내가 있던 곳] 아래로.(Ac11:5)

축소형

❶[❶]   It | was [**where** I was].   그것은 | [내가 있던 곳] 에 있었다.

to+whom   pr+wh-절 [정형절]

(N : 사람)

❷[❷]   He | comes ‖ **to** [**whom** it belongs].
       그는 | 온다 ‖ [그것이 속한 자] 에게.(Ge49:10)

❷[❷]   It will not be restored until he | comes ‖ **to** [**whom** it rightfully belongs]; to him | will give it.
       이것도 다시 있지 못하리라 마땅히 얻을 자가 이르면 그에게 주리라.(Eze21:27)

단문형

❷   **To** whom it | belongs ‖ ∨?   그것이 누구에게 속하는가? *∨ = to whom

across with+what   pr+wh-절 [정형절]

(N : 사람)

❸[❷]   You | better come | **across with** [**what** you have] when you meet a mugger in New York.
뉴욕에서 강도를 만나면, 넌 [가진 것]을 다 주는 게 좋을 거야.(NQE)

축소형

❶[❷] | Across with [what you have]. | [가진 것] 다 주어라.

" "   직접인용절 [정형절]

(N : 사물)

❸」[❶] "Rejoice, Zacharias",」came」the answer.
"기뻐하라, 스가랴야", 왔다」대답이.

❹[❶]   Then the word of the LORD | came ‖ to him: ‖ "This man will not be your heir, but a son coming from your own body will be you heir."
여호와의 말씀이 그에게 임하여 가라사대 그 사람은 너의 후사가 아니라 네 몸에서 날 자가 네 후사가 되리라 하시고.(Ge15:4)

축소형

❶」[❶] "Very good, sir" was」the reply.   "매우 좋아요, 선생님."이었다」그 대답은.

[예문출처]

■ 성경

New International Version Bible : 별도 표시 없는 경우
King James Version Bible(**KJ**)

■ 소설·희곡

J. K. Rowling, Harry Porter(**HP**) 1~7권, Scholastic, 1997~2007
J. R. R. Tolkien, The Hobbit(**Ho**), Balatine, 1937
J. R. R. Tolkien, The Lord of the Rings(**LR**) 1~3권, Balatine, 1965
C. S. Lewis, The Chronicles of Narnia(**CN**), 1982
Boris Pasternak, Doctor Zhivago(**Zhi**), Phanteon, 1957
Shakespeare, Hamlet(**Ham**), Macbeth(**McB**) Romeo and Juliet(**R&J**), Julius Caesar(**JC**) 이상 조은문화사
Shakespeare, The Taming of the Shrewd(**TOS**), A Midsummer Night's Dream(**MND**), Twelfth Night(**TN**), The Tempest(**Temp**) 이상 A Signet Classic
Shakespeare, Antony and Cleopatra(**A&C**), As You Like It(**AYLI**) Henry V(**HV**), King Lear(**KL**), Much Ado About Nothing (**MAAN**) 이상 Penguin Books
John Grisham, The Bretheren(**Bre**), Dell Publishing, 1996
John Grisham, The Client(**Cli**), Dell Publishing, 1993
John Grisham, The Firm(**Fm**), Dell Publishing, 1991
John Grisham, The Partner(**Pt**), Dell Publishing, 1997
John Grisham, The Pelican Brief(**Pel**), Dell Publishing, 1992
John Grisham, The Runaway Jury(**RJ**), Dell Publishing, 1996
John Grisham, The Summons(**Sum**), Dell Publishing, 1989
John Grisham, A Time To Kill(**TTK**), Dell Publishing, 1989
John Grisham, The Testament(**Tes**), Dell Publishing, 1999
Tom Clancy, The Cardinal of the Kremlin(**CaKr**), Berkley 1989
Tom Clancy, Clear and Present Danger(**CPD**), Berkley 1989
Tom Clancy, Debt of Honor(**DOH**), Berkley 1989
Tom Clancy, Executive Orders(**EXO**), Berkley 1989
Tom Clancy, Hunt for Red October(**HBO**), Berkley 1986
Tom Clancy, Rainbow Six(**RbS**), Berkley 1999

Tom Clancy,　Red Storm Rising(**RSR**), Berkley 1987
Tom Clancy,　Patriot Games(**PatG**),　Berkley 1987
Dean Kunts,　Strange Highways(**StH**), Warner, 1995
Dean Kunts,　Fear Nothing(**FN**), Bantam Book 1998
Stephen King, Insomnia(**Ins**), Signet, 1984
Larry Bond,　Red Phoenix(**RP**) Warner 1989
Michael Crichton, Spehere(**Sph**), Balentine Books, 1987
Lewis Carroll, Alice in Wonderland(**AIW**)
John Darton,　Neanderthal(**Nea**), St Martin's 1996
Dan Brown,　The Da Vinci Code(**DVC**), Doubleday 2003
James Lincoln Collier, My Brother Sam is dead(**MBS**),Scholastic
Lewis Carrol, Alice's Adventures in Wonderland(**AAW**), BlackCat
Charles Dickens, A Christmas Carol(**CC**), Cideb, 1996

■ 교재

ScottForesman ESL(**ESL**) 1~8
Longman Classics, King Arthur(**KA**), (주)문진당, 1987
Antoine De Saint-Exupery, THe Little Prince(**TLP**), 조은문화
Samuel Beckett, Waiting for Godot(**WG**), 시사영어사
Pearl Buck, Letters From Peiking(**LFP**), 시사영어사
Miguel De Cervantes, Don Quixote(**DQ**), 시사영어사
Charles Dickens, Oliver Twist(**OT**), 시사영어사
Charles Dickens, A Tale of Two Stories(**TTS**), 시사영어사
George Eliot,　Silas Marner(**SM**), 시사영어사
O. Henry,　O. Henry's Short Stories(**OHS**), 시사영어사
Stefan Martin, Aesop's Fables(**AF**), 시사영어사
Sir Walter Scott, Ivanhoe(**Iva**), 시사영어사
Harriet Stowe, Uncle Tom's Cabin(**UTC**), 시사영어사
Jonathan Swift, Gullivers's Travels Lilliput(**GTL**), 시사영어사
Jonathan Swift, Gullivers's Travels Brodbdingnag(**GTB**), 시사영어사
Mark Twain,　The Adventures of Tom Sawyer(**ATS**), 시사영어사
Mark Twain,　The Prince and the Pauper(**P&P**), 시사영어사
Oscar Wilde,　The Happy Prince(**THP**), 시사영어사

Tennessee Williams, A Streetcar Named Desire(**SND**)시사영어사
시사영어사, The Arabian Nights(**AN**), 1998
시사영어사, The Old Man and the Sea(**O&S**), 1996
시사영어사, Selected Modern English Poems(**MEP**) 1986
시사영어사, AFKN Drama(**FND**) 1~10, 1986
서현주외 2, 유아영어(**BE**), 한울림, 2001
Jacquelin Reinach, Sweet Pickles Series(**SPS**), 1978
서울대, 조선일보사, 각 TEPS 문제집

■ 사전

Collins Cobuild English Dictionary(**CED**), 2000
Oxford Advanced Learner's Dictionary(**OAD**), 2000
Oxfords Dictionary of Phrasal Verbs(**OPV**) 1993
Longman Language Activator(**LLA**), 1995
NTC's Dictionary of Phrasal Verbs(**NPV**) 1993
Webster's New Collegiate Dictionary(**WCD**), 1995
College Lighthouse English-Japanese Dictionary(**EJD**), 2000
DONG-A'S Prime English-Korean Dictionary(**DED**), 2000
Si-sa Elite English-Korean Dictionary(**SED**), 1990
Tom Cho, English Ediom Dictionary(**EID**), 넥서스, 2001
C. Barnard, English Phrasal Verb Dictionary(**EPV**), 넥서스, 2004
박양우, 실용영어회화사전(**ECD**), 민중서관, 2003

■ 문법서

The Oxfords Dictionary of English Grammar(**ODEG**), 1994
Longman Grammar of Spoken and Written English(**LGSW**),1999
Longman English Grammar(**LEG**), 1992
니시무라, 영어는 전치사(**NME**), 금하출판, 1994
네오퀘스트, 동사를 알면 죽은 영어도 살린다(**NQE**), 김영사, 2000
이기동, 영어전치사 연구(**EPL**), 교문사, 2005
이준호, 6개의 마법동사로 끝내는 영어(**SMV**) 넥서스 2005

■ 시사잡지

Newsweek(**NW**), Financial Times(**FT**), CNN News(**CNN**)

■ 스크린잉글리시(예술미디어), 스크린영어(스크린), 캡션스터디(오월상사), 시네마잉글리시(홍진기획), 스크린플레이(스크린영어사), 영화로 배우는 영어(언어세상)에서 인용한 것

Ben-Hur(**BH**), Casablanca(**Cas**), Die Hard with a Vengeance (**DHV**), Disclosure(**Dis**), The Distinguished Gentleman(**DG**), Gone with the Wind(**GWW**), Good Will Hunting(**GWH**), Guarding Tess(**GT**), For Whom the Bell Tolls(**FWBT**), Forrest Gump(**FG**), Free Willy(**FW**), The Great Gastby(**GG**), It Could Happen to You(**IHTY**), Independence Day(**Ind**), Kramer v. Kramer(**K&K**), Legends of the Fall(**LOF**), Murder in the First Degree(**MFD**), Nobody's Fool(**NF**), Out of Africa(**OOA**), The Pelican Brief(**PB**), Roman Holiday(**RH**), The Shogun(**Sho**) Shawshank Redemption(**SR**), Speed(**Spe**), Star Wars(**SW**), Ten Commandments(**TC**), The Truman Show(**TS**), With Honors(**WH**), While You are Sleeping(**WYS**)

■ 인용례 표시

Ge19:9   Bible Genesis 19장 9절에서 인용함을 나타냄.
1HP5   Harry Porter 1권 5면을 나타냄.
2LR5   The Lord of the Rings 2권 5면을 나타냄.
나머지 인용 약자는 위 ( ) 부분 참조.
기타 사전류, 학술서의 예문은 출처표시를 별도로 하지 않음.